Gisbert Greshake

# An den drei-einen Gott glauben

Gisbert Greshake

# An den drei-einen Gott glauben

*Ein Schlüssel zum Verstehen*

Herder
Freiburg · Basel · Wien

Umschlaggestaltung:
Finken & Bumiller, Stuttgart
Druck und Bindung:
Freiburger Graphische Betriebe 1998
Hergestellt auf säurefreiem,
chlorfrei gebleichtem Papier

ISBN 3-451-26669-5

# Inhalt

# Zum Thema

»Gott ist einer in drei Personen« – muß man das glauben, soll man das glauben, kann man das überhaupt glauben? Vor allem aber: Was soll's? Was kann man mit einem solch unverstehbaren Gottesbild, was kann man mit dem sog. »trinitarischen« Glauben anfangen? Ist nicht Goethe Recht zu geben, der im Rückblick auf seine religiöse Erziehung im Gespräch mit Eckermann (1824) einmal bemerkt hat:

> »Ich glaubte an Gott und die Natur und an den Sieg des Edlen über das Schlechte; aber das war den frommen Seelen nicht genug, ich sollte auch glauben, daß drei eins sei und eins drei; das aber widerstrebte dem Wahrheitsgefühl meiner Seele; auch sah ich nicht ein, daß mir damit auch im mindesten wäre geholfen gewesen«.

Auch wenn diese Worte des Dichters nicht mehr heutigem Denk- und Sprachempfinden entsprechen, ist das Gemeinte doch bei vielen unserer Zeitgenossen gegenwärtig, wenn sie etwa denken oder sagen: Ich glaube an Gott, freue mich der Welt und hoffe, daß einmal alles gut ausgehen wird. Was soll da noch dieser widersinnige und unnütze Glaube an einen drei-einen Gott?

In der Tat stecken in der Bemerkung Goethes zwei bis heute vorgebrachte Kritikpunkte am christlichen Trinitätsglauben. *Erstens:* er ist widersprüchlich und unverstehbar, ein unlogisches Gedankengespinst. *Zweitens:* dieser Glaube ist irrelevant, lebensfern und folgenlos. Was ändert sich schon für mein praktisches

Leben, ob Gott nun ein-, drei- oder hundertfaltig ist? Ganz auf dieser Linie hatte Kant bereits im Jahr 1798 formuliert: »Aus der Dreieinigkeitslehre läßt sich schlechterdings nichts fürs Praktische machen«[1].

Diese beiden kritischen Einwände haben bis in die Gegenwart Geltung behalten. So berichtet der Religionspädagoge Georg Baudler von Schülerreaktionen auf entsprechende Religionsstunden, worin das völlige Unverständnis der Jugendlichen überdeutlich wird: »Trinität« – schreibt Baudler – »erscheint ... in den meisten Schülernotizen als eine Art theologisches Kreuzworträtsel, das keine Bedeutung für das Leben hat«[2].

Diese Einstellung hat – wie wir am Beispiel Kants und Goethes sahen – schon eine lange Geschichte. Seit Beginn der Neuzeit glaubt man – allenfalls! – an einen »einpersönlich« vorgestellten Gott, an den »Himmelsvater«, an ein »höchstes Wesen«, an eine »über allem schwebende und webende« göttliche »Monade« (= d.h. an ein letztes, einfaches, in sich geschlossenes und sich selbst genügendes »einsames« höchstes Wesen). Davon machen auch engagierte Christen keine Ausnahme. Im Blick auf sie meinte Karl Rahner sogar:

> »Man wird ... die Behauptung wagen dürfen, daß, wenn man die Trinitätslehre als falsch ausmerzen müßte, bei dieser Prozedur der Großteil der religiösen Literatur fast unverändert bleiben könnte. Man kann dem auch nicht entgegenhalten, die Lehre von der Inkarnation sei doch theologisch und religiös so zentral bei den Christen, daß von daher die Trinität im religiösen Leben der Christen immer und überall unausscheidbar ›anwesend‹ sei ... Man kann [jedoch] den Verdacht haben, daß für den Katechismus des Kopfes und des Herzens (im Unterschied zum gedruckten Katechismus) die Vorstel-

lung des Christen von der Inkarnation sich gar nicht ändern müßte, wenn es keine Dreifaltigkeit gäbe. Gott wäre dann eben als (die eine) Person Mensch geworden«[3].

Ganz analog zu dieser Bemerkung des Dogmatikers Rahner begegnete mir vor einigen Jahren die Äußerung eines Moraltheologen (ich weiß leider nicht mehr, wer es war), man könne in fast allen moraltheologischen Büchern der Gegenwart den Namen »Gott« ruhig durch den Namen »Allah« ersetzen, und es würde sich an den hier entfalteten Handlungsnormen und Argumentationsgängen gar nichts ändern.

Der trinitarische Glaube also eine »theologische Leerformel«, eine »abstrakte Ideologie«, die mit dem konkreten Leben nichts zu tun hat? Obwohl doch jeder Christ auf den Namen des dreifaltigen Gottes getauft wurde, jeder diesen Glauben in unzähligen liturgischen Texten bekennt und der gläubige Katholik sich im so oft praktizierten Kreuzzeichen das trinitarische Bekenntnis buchstäblich gar in seinen Leib einprägt!

Offenbar ist es der kirchlichen Glaubensverkündigung und Theologie nicht gelungen, die alles erfassende, umwälzende Bedeutung des Trinitätsglaubens für das eigene Leben und für den Umgang mit der Welt zu verdeutlichen. Aus dem Bekenntnis zum drei-einen Gott wurde eine binnentheologische, lebensfremde Aussage über das innerste Wesen Gottes, das den Menschen letztlich kalt und uninteressiert läßt. Denn warum soll es von existentieller Bedeutung für mich sein, wenn ich weiß, wie es im innergöttlichen Sein und Leben zugeht?

So aber ist völlig und radikal verkannt, was es mit dem Glauben an den drei-einen Gott auf sich hat. Es geht hier nicht um eine isolierte, abstrakte Aussage über ein fernes, erhabenes, uns entzogenes göttliches Wesen. Vielmehr: wenn Gott der ist,

»in dem wir leben, uns bewegen und sind«, wie es in der Apostelgeschichte (17,28) heißt, und wenn dieser Gott sich uns in seiner Selbstoffenbarung als Gemeinschaft, als Lebensaustausch dreier Personen vorstellt, dann ist *alles* in ein neues Licht getaucht, dann stehe ich selbst in einer ganz neuen Perspektive, und auch die ganze Schöpfung präsentiert sich neu und anders. Alles, restlos alles, was es in der Welt gibt, ist davon betroffen. Darauf weist zurecht der verstorbene Bischof von Aachen Klaus Hemmerle hin, wenn er schreibt: »Die ›Revolution‹ des Gottesbildes, die durch den Glauben an ... den dreieinigen Gott in der Menschheitsgeschichte eingesetzt hat, ist kaum zu ermessen. Sie hat sogar unser eigenes, christliches Bewußtsein noch nicht bis zum tiefsten Grund durchdrungen. Daß Gott ganz und gar Mitteilung, sich verströmendes Leben ... ist, das dreht nicht nur das menschliche Bild von Gott um; es betrifft auch unser Selbstverständnis, unser Verständnis der Welt«[4].

Um diese Frage besonders soll es im vorliegenden Büchlein gehen: Welche Lebensbedeutung, welche ganz konkreten Konsequenzen hat der Glaube an den drei-einen Gott für uns? Aber natürlich auch: Welche tragende Funktion hat er für das Gesamt des christlichen Glaubens, für dessen Verständnis und dessen Verwirklichung? Kurz: Es geht darum, die »Schlüssel«-Funktion herauszustellen, die der trinitarische Glaube für alles *Verstehen* hat. Dabei meint Verstehen nicht nur »richtiges Denken« und »vernünftige Einsicht«, sondern auch rechte und glückende Praxis, wie man ja auch von jemandem sagt: Er »versteht« sein Handwerk, d.h. er kann es gut und richtig ausführen, er ist ihm gewachsen, er beherrscht es »praktisch«. So also wollen die folgenden Ausführungen zeigen, wie der Glaube an den drei-einen Gott zu einem neuen, ganzheitlichen Verstehen der Wirklichkeit führt: sowohl zu einer tieferen Einsicht als auch zu einer überzeugenden Lebenspraxis. Das Büchlein möchte also selbst ein »Schlüssel« dafür sein, die »Schlüssel«-Stellung des Glaubens an den drei-einen Gott zu ergründen.

Ein solches »Programm« kann mißverstanden werden und auf gefährliche Abwege führen, so, wenn der Eindruck entstünde, der (trinitarische) Glaube solle an seiner funktionalen Brauchbarkeit und instrumentellen Verwendbarkeit für den Menschen gemessen werden. Das ist natürlich nicht gemeint. Der Glaube insgesamt richtet sich auf etwas dem Menschen Vorgegebenes, nämlich auf das an ihn ergehende und ihn in Anspruch nehmende Wort Gottes, auf welches im Gehorsam Antwort zu geben ist. Und insofern ist der Glaube nicht zuerst an seinem Nutzen für uns zu messen, sondern *er selbst* ist das Maß, das alles andere mißt. Und doch: Gerade indem Gott sich in seinem Wort mitteilt und uns darin sein tiefstes Wesen, sein »Herz« erschließt, ist uns eine neue Perspektive des Verstehens und Handelns eröffnet, wie das die Pastoralkonstitution des II. Vatikanums (Nr. 22) sehr schön sagt: Indem Gott sich selbst in Christus (und durch den Heiligen Geist) dem Menschen mitteilt, macht er zugleich »dem Menschen den Menschen selbst voll kund«. Von diesem neuen Licht, das die Selbsterschließung des drei-einen Gottes und der Glaube daran bringt, wird im folgenden vorrangig die Rede sein.

Man kann das Gleiche auch noch von einer anderen Richtung aus erläutern: Wie die Heilige Schrift sagt, ist der Mensch geschaffen »nach Gottes Bild und Gleichnis«. Wenn nun dieser Gott nicht einfach ein »kompaktes« höchstes Wesen ist, sondern eine Gemeinschaft des Lebens und der Liebe, so »muß« dieses geradezu Konsequenzen für den Menschen haben: Erst vom Blick auf den drei-einen Gott her wird mit letzter Tiefenschärfe erkennbar, was denn das geistbegabte Geschöpf genau abbildet und woraufhin präzise sein Bild-Gottes-Sein verweist. Um diesen »neuen Blick« also soll es vor allem in den folgenden Ausführungen gehen.

Im Januar 1997 habe ich zu diesem Thema im Herder Verlag ein umfangreiches Werk unter dem Titel »Der dreieine Gott« – mittlerweile (1998) in 3. Auflage – veröffentlicht, das sich aber eher an Fachtheologen wendet. Schwestern der Gemeinschaft »Caritas Socialis« in Wien, denen ich über viele Jahre eng verbunden bin und die meine mehrjährige Arbeit an diesem Werk mit großer Anteilnahme begleiteten, brachten mich auf die Idee, die wichtigsten Ergebnisse, Gedanken und Zusammenhänge in einfacherer Form für breite Kreise zu publizieren, also neben die »große« eine »kleine« trinitarische Theologie zu stellen. So habe ich mich daran gemacht, die sehr umfangreiche Studie auf das Wesentliche – ohne Fachsimpeleien und gelehrtes Beiwerk – zu konzentrieren und in eine andere Sprach- und Argumentationsform umzusetzen, wenngleich ich dabei immer wieder auch ganze Passagen sowie das letzte Kapitel (in gekürzter Form) aus dem oben genannten Werk übernommen habe.

Indem ich mit diesem Büchlein dem Anliegen der Schwestern der »Caritas Socialis« entspreche, möchte ich es ihnen zugleich in herzlicher Verbundenheit und Dankbarkeit widmen.

Dankbar möchte ich aber auch erwähnen die Tätigkeit von Frau Annemarie Ramson an der Erstellung des Manuskripts sowie die Mithilfe von Dr. Eva-Maria Faber, Dipl. theol. Joachim Kittel und Lic. theol. Toni Leichtfried an der Ausformulierung eines auch für Nichttheologen lesbaren Textes.

Freiburg, Pfingsten 1998 GISBERT GRESHAKE

# Die Grundlagen trinitarischen Glaubens

## *Biblische Ur-Kunde*

Ein längerer Anweg liegt vor uns, bevor wir Grat und Gipfel eines Berges erreichen, der uns gewaltige Ausblicke eröffnen kann. Und so wie Bergführer gelegentlich um Durchhaltevermögen und langen Atem ersuchen, wenn der Pfad sich schier endlos auf einer nur schwer überblickbaren Ebene hinzieht und die Wanderer ungeduldig nach dem eigentlichen Ziel, dem Gipfel, fragen, so ist auch für den Weg der folgenden Ausführungen ein wenig Geduld erforderlich und die Bereitschaft, sich gerade in diesen ersten Abschnitten auf einen längeren gedanklichen Anweg einzulassen.

Machen wir uns zunächst einmal klar: Der Glaube an den drei-einen Gott ist kein Phantasiegebilde, keine Spekulation, nichts, was der Mensch sich selbst ausgedacht hat oder hat ausdenken können. Der trinitarische Glaube beruht allein darauf, daß der erhabene, allem menschlichen Denken und Vorstellen unendlich überlegene Gott sich uns in Freiheit selbst erschlossen und mitgeteilt hat. Nur von sich her kann Gott sich eröffnen, nur er selbst kann sagen, wer er ist. Und er hat es getan. Bereits die Schöpfung ist eine Weise der Selbsterschließung Gottes. So heißt es in Röm 1,20: »Seit Erschaffung der Welt wird seine unsichtbare Wirklichkeit, seine ewige Macht und Gottheit, an den Werken der Schöpfung mit der Vernunft wahrgenommen«. Im Blick darauf sagt der große Philosoph und Theologe Nikolaus von Kues, daß schon aus der Schöpfung die »große Stimme Gottes« erklingt. Es ist eine Stimme, die sich dann »jahrhundertelang gesteigert hat«, und zwar in den Religionsstiftern, Weisen und Propheten der Menschheitsgeschichte, vor allem in denen des Alten Bundes (»Viele Male und auf vielerlei Weise hat Gott einst ... durch die Propheten gesprochen«: Hebr 1,1); doch »am Ende einer langen Reihe von Modulationen« hat die eine große Stimme in Jesus Christus »endlich Menschengestalt angenommen«[5]. So wird endgültig auch erst von ihm her offenbar, wer Gott ist, daß er nämlich der drei-eine Gott ist. Und deshalb schärft Hans Urs v. Balthasar zu Recht ein: »Einen anderen Zugang zum trinitarischen Mysterium als dessen Offenbarung in Jesus Christus und im Heiligen Geist gibt es ... nicht«[6]. Wir sind also auf das Zeugnis der Heiligen Schrift verwiesen und müßten dieses nun eigentlich an Hand einer Reihe von Einzelaussagen und -texten durchgehen und im Detail erörtern.

Das würde zu weit führen, und deshalb soll hier ein anderer, grundsätzlicherer Zugang gewählt werden, indem wir auf die in der Heiligen Schrift bezeugte Ur- und Grunderfahrung des neutestamentlichen Glaubens blicken. Das heißt, wir nehmen unseren Ausgangspunkt bei der Frage: Was steht eigentlich im Zentrum der christlichen Glaubenserfahrung? Es ist zweifellos die Tatsache, daß Menschen auf eine sie »umwerfende« Weise erfahren haben: in Jesus von Nazaret und in der Kraft seines Geistes kommt *Gott selbst* auf uns zu und teilt uns dabei nicht nur *etwas* mit, sondern buchstäblich *sich selbst.* Im Christusgeschehen eröffnet uns Gott sein Innerstes, sein Herz, in ihm stiftet er für immer Gemeinschaft mit dem Menschen, in ihm teilt er sein eigenes Leben mit uns. In Jesus Christus (und – auf andere Weise – in dem von ihm gesandten Geist) begegnet also nicht eine Mittlergestalt, die nur auf Gott hinweist, hinter der das Göttliche aber in verborgener, unendlich erhabener Transzendenz für immer dem Menschen entzogen bleibt. Nein, im Christusgeschehen bringt *Gott sich selbst* in Erfahrung. Wer es mit Jesus, seinem Wort, Verhalten und Erleiden zu tun hat, hat es mit Gott persönlich zu tun. Wäre es anders, so würde Jesus, der als letztes und letztgültiges Wort Gottes auftritt und als unüberbietbare Darstellung der göttlichen Liebe, im Widerspruch zu sich selbst stehen; er wäre nicht die endgültige Vermittlung zwischen Gott und Mensch, die zu sein er doch beansprucht. Ja, es würde – so Joseph Ratzinger – »statt einer Vermittlung eine Abtrennung werden, wenn er ein anderer als Gott, wenn er ein Zwischenwesen wäre. Dann würde er uns nicht zu Gott hin, sondern von ihm weg vermitteln«[7]. Und auch der Heilige Geist, der Jesus erfüllt hat und der uns nach dessen Heimgang zum Vater in die Wirklichkeit Christi hineinnimmt und unmittelbaren Zugang zum Vater erschließt, würde uns im Bereich des rein Kreatürlichen, ohne unmittelbare Beziehung zu Gott, belassen, wäre er nicht selbst Gott. Wenn aber der Anspruch, der dem Christusgeschehen von seinem Wesen her eignet, lautet, daß Gott selbst es ist, dem wir in Christus und in dem durch ihn geschenkten Geist begegnen, dann muß dieser Gott durch innere Differenzierungen charakterisiert sein. Wieso? Nun Jesus, die Vermittlung Gottes zu uns, unterscheidet sich – wie die Heilige Schrift vielfach zeigt – in seinem Wort und Verhalten sowohl vom Vater als auch vom Heiligen Geist. Folglich muß zum Wesen des Gottes, der in Jesus Christus erscheint, auch die Unterscheidung von Vater, Sohn und Heiligem Geist gehören.

Auf diese Weise also ging den Menschen von damals von der ganz konkreten Erfahrung mit Jesus her auf (und kann uns auch heute aufgehen), daß er die vom *Geber* (Gott dem Vater) unterschiedene göttliche *Gabe* an uns ist, zu deren Empfang wir durch die Kraft und das Wirken des Heiligen Geistes geöffnet werden.

So gesehen gründet der Glaube an den drei-einen Gott nicht in einigen wenigen Schriftstellen des Neuen Testaments, noch ist er Ergebnis von Reflexion und Spekulation, sondern er stellt *die* neutestamentliche Basiserfahrung überhaupt dar. Das heißt aber – anders gesagt –: Trinität ist ursprünglich keine Glaubensformel, kein Glaubenssatz, keine Doktrin oder gar Ideologie, sondern ein *Ereignis*, das man erzählt, eine Erfahrung, die bezeugt wird. Und zwar – nochmals! – ist es die Erfahrung, daß Gott der Vater durch seinen Sohn Jesus Christus in dem von ihm vermittelten Heiligen Geist auf die Menschen zugegangen ist, sich ihnen ganz und gar mitgeteilt und sie in sein eigenes göttliches Leben hineingezogen hat. Dadurch wird der Mensch – nach einer schönen Formulierung von Jürgen Werbick – »so in diese Lebensgemeinschaft einbezogen, daß er sich vom Vater, dem Urgrund des Seins, ... getragen, von seinem Bruder Jesus Christus auf den Wegen seines Lebens und Sterbens begleitet und vom Heiligen Geist auf die alles Denk- und Vorstellungsvermögen übersteigende göttliche Wirklichkeit hin geöffnet erfährt«[8].

Diese neutestamentliche Grunderfahrung hat für das Gottesbild zur Folge: Wenn Gott sich im Christus-Ereignis sowohl als in sich differenziert wie auch als Geheimnis äußerster Hinwendung und Nähe, Liebe und Kommunikation gezeigt hat und wenn er sich darin wirklich *als er selbst* gezeigt hat, dann *ist* dieser Gott auch *in sich selbst* unterschieden und zwar als sich gegenseitig beschenkende Communio (darüber später mehr). Und eben das meint der Glaube an den drei-einen Gott: Der Gott der Christen ist keine einsame Monade, keine kompakte

Allmacht, kein monarchischer Supervater, der irgendwie und irgendwo – mit Schiller gesprochen – »überm Sternenzelt« wohnt. Der eine und einzige Gott ist vielmehr *sich ereignende Gemeinschaft* – in sich selbst und in seinem Verhältnis zu uns.

Der Glaube an den drei-einen Gott ist also aufs engste mit der Erfahrung verbunden, daß Gott sich selbst ganz und ohne Vorbehalt dem Menschen mitgeteilt hat, daß er nicht *etwas* von sich, sondern buchstäblich *sich selbst*, wie er ist, dem Menschen geschenkt hat. Genau diese Erfahrung ist es, die uns einen Blick ins Innere Gottes und damit in das Herz aller Wirklichkeit eröffnet.

All das läßt sich nun konkretisieren und zugleich denkerisch vertiefen am Beispiel des Offenbarungsgeschehens, wie es der christliche Glaube versteht.

### *Das Offenbarungsgeschehen und der drei-eine Gott*

Mit vielen anderen Religionen ist das Christentum davon überzeugt, daß Gott sich »offenbar« gemacht hat, d.h. daß er zum Menschen gesprochen hat, sei es durch dessen eigene innere Stimme oder durch die Botschaft besonders Berufenener (Propheten), sei es durch Phänomene der Natur oder durch überwältigende Ereignisse der Geschichte. Auf vielfache Weise also hat Gott sich dem Menschen eröffnet, doch immer »im Wort«, nämlich entweder in ausdrücklichen Worten oder auch in Zeichen, Gesten und Hinweisen, die nicht unbedingt von formulierten Worten begleitet sind, die aber dann, wenn sich darin eine Person *ausdrückt*, gleichfalls worthaft (im weiteren Sinn) sind. So verstanden sind viele Religionen der Überzeugung, daß Gott sich *im Wort* geoffenbart hat und offenbart.

Das klingt aufs erste schlicht und einfach. Und doch gibt diese Überzeugung eine Reihe von Problemen auf. Wenn nämlich das »Wort« des welterhabenen Gottes vom Menschen gehört und aufgenommen werden soll, muß es in und durch menschliche Worte bzw. durch Zeichen und Hinweise unserer Welt hörbar und vernehmbar werden. Denn anders als auf menschliche Weise können wir Menschen ja gar nichts aufnehmen und erfahren, auch Gott nicht. Gott muß also sein »Wort« nach Menschenart an uns ergehen lassen. Doch damit stellt sich sofort die Frage: Wird dann nicht – durch diese menschliche und welthafte Vermittlung – das Wort des unendlichen, transzendenten Gottes verendlicht, wird es nicht dadurch, daß es im geschöpflichen Bereich erscheint und sich auf menschliche Weise vernehmbar macht, auf unsere geschöpflichen, begrenzten Maße und Möglichkeiten herabgezogen? Wir können die Frage auch so formulieren: Wie kann Gottes *Wort* noch *Gottes* Wort bleiben, wenn es sich, um den Menschen zu erreichen, in die Beschränktheit, ja Armseligkeit menschlicher Worte und endlicher Zeichen hineinbegeben muß? Und machen wir, wenn wir unseren Glauben dann auf solch eine geschöpfliche, und das heißt ja begrenzte Gestalt des Gotteswortes richten, Gott nicht zu einem Götzen, da wir ein menschliches Wort als Wort des unendlichen Gottes ausgeben, identifizieren, festmachen? Grundsätzlicher noch gefragt: Begegnen wir in dem, was wir Offenbarungs- oder Heilsgeschichte nennen, wirklich dem unendlichen Gott selbst, oder treffen wir jeweils nur auf endliche, beschränkte, fragmentarische Vermittlungsgestalten, in welchen Gott unserer Fassungskraft entsprechend *etwas* von sich mitteilt, hinter denen sich aber das wahre Göttliche im Grunde verbirgt und uns für immer entzogen bleibt?

Angesichts dieser Fragen zeigt sich die Brisanz der schon skizzierten neutestamentlichen Grunderfahrung, wonach in Jesus Christus wirklich und wahrhaftig *Gott selbst* in die Geschichte eingetreten ist, und zwar auf unüberbietbare Weise: In einer – *seiner!* – menschlichen, also uns angepaßten Gestalt bringt Gott sich selber in Erfahrung, drückt er sein tiefstes Wesen aus, ja spricht er sich selber aus, sodaß wir wahrhaft ihn selbst sehen und hören können. »Wer mich sieht, sieht den Vater«, sagt Jesus von sich (Joh 14,9). Es ist wirklich Gott, der in ihm direkt und unmittelbar auf uns zukommt, um Gemeinschaft mit uns einzugehen und wir darin eintreten können. So treffen wir im Offenbarungsgeschehen schon auf zwei unterschiedlich Handelnde: auf den sich offenbarenden Gott und auf das in menschlicher Gestalt offenbarte göttliche Wort: auf Jesus Christus, in dem Gott sich ganz aus- und uns anspricht. Dabei ist nicht nur das, was er »sagt«, Wort Gottes, sondern alles, was sich auf der ganzen Breite seines Lebens, seines Verhaltens, Tuns und Erleidens ausdrückt. (Näheres dazu S.76ff). Alles ist Offenbarung, Ausdruck und Mitteilung dessen, was Gott selbst im tiefsten ist, tut, erleidet.

Doch für das Offenbarungsgeschehen ist mit der »Zweiheit« von offenbarendem Gott und offenbartem göttlichen Wort noch nicht alles erfaßt. Ganz allgemein gilt ja: Ein Wort hat noch nicht sein Wesen verwirklicht, wenn es nur nach außen ausgesprochen wird; es ist erst dann an sein Ziel gekommen, wenn es vom Angesprochenen innerlich aufgenommen, bedacht, begriffen und beantwortet wird. So stellt sich hinsichtlich des Wortes Gottes die Frage: Selbst wenn Jesus Christus wirklich das Wort Gottes in Person ist, wie kann dieses *in unser Inneres* ankommen und verstehbar werden? Wird nicht Gottes Wort durch unsere eigene geschöpfliche, und das heißt ja: durch unsere vielfach beschränkte *innere Aufnahmefähigkeit* verendlicht?

Illustrieren wir das Problem am Bild von Gefäß und Inhalt: Wenn Gottes Wort – als Ausdruck seines unendlichen Wesens – unausschöpfbare Fülle und unauslotbare Wahrheit ist, wie kann es dann im kleinen, begrenzten Gefäß unseres menschlichen Verstehens überhaupt Eingang finden und begriffen werden? Wird solches Be-greifen nicht notwendig zu einem Sich-Ver-greifen an Gottes erhabener Größe? Wird Gottes unendliches Wort, wenn es vom begrenzten Menschen aufgenommen wird, nicht in das enge Gefäß unseres armseligen Menschseins »eingeklemmt« und damit um seine Hoheit gebracht? Oder aber – eine andere Möglichkeit – wird der Mensch nicht vernichtet, wenn das verzehrende Feuer des göttlichen Wortes ihn erfaßt und alles geschöpflich Beschränkte, und damit ihn selbst auflöst, zerstört, zu Tode bringt? So sieht es schon das Alte Testament und ähnlich viele andere Religionen der Menschheit: »Kein Mensch kann Gott erfahren und am Leben bleiben« (Ex 33,20). Und darum schreit der Mensch: »Gott soll nicht mit uns reden, sonst sterben wir!« (Ex 20,19). Sind das aber dann die beiden einzigen Möglichkeiten: Wenn Gott sich offenbart, wird *entweder* sein Wort in der Armseligkeit menschlicher Aufnahmefähigkeit verendlicht, *oder* das Geschöpf wird angesichts der unverhüllten göttlichen Herrlichkeit vernichtet? Wäre es so, dann gäbe es überhaupt kein Naheverhältnis, keine Gemeinschaft von Gott und Mensch, worin beide bleiben können, was sie sind, nämlich unendlicher Gott und endlicher Mensch. Gibt es also eine dritte Möglichkeit?

Zur bereits besprochenen neutestamentlichen Grunderfahrung gehört die beglückende Entdeckung, daß Gott wirklich Gemeinschaft mit uns gestiftet und sich uns erschlossen hat. Das heißt aber auch, daß das Wort Gottes wirklich als es selbst in das Innere des Menschen eingeht und Verstehen findet. Wie kann das geschehen? Nur so, daß Gott selbst die Fähigkeit, ihn zu vernehmen, in uns erwirkt. Gott muß unser geistiges Aufnahme- und Erkenntnisvermögen über dessen enge Grenzen und Schranken hinausführen, ja, er muß selbst die Möglichkeit seines eigenen Ankommens im Menschen werden.

Auf dieser Linie haben bereits die großen Theologen des 4. Jahrhunderts den Psalmvers 36,10 ausgelegt: »In deinem Licht schauen wir das Licht«. Sie haben geschrieben: Das unbegreifliche Licht, als welches Gottes Wort im Menschen aufgehen möchte, kann nur in dem Licht, das Gott selbst im Innern unserer menschlichen Aufnahmefähigkeit *ist,* geschaut, begriffen und ergründet werden. Und dieses Licht Gottes in uns, in welchem das Wort Gottes als es selbst aufgenommen werden kann, heißt in der biblischen und theologischen Sprache Heiliger Geist.

So ist es der Geist Gottes, welcher bewirkt, daß Gottes *Wort* trotz aller menschlichen Begrenztheit als *Gottes* Wort in uns ankommen kann, daß es dabei Gottes Wort in Fülle und Kraft bleibt und wir es als solches verstehen können. Zusammenfassend kann darum Gregor v. Nazianz formulieren: »Aus dem Licht des Vaters erfassen wir den Sohn als Licht in dem Licht, das der Heilige Geist ist«, und er fügt hinzu: »Das ist eine kurze und schlichte Theologie der Dreifaltigkeit«[9].

Formulieren wir es etwas ausführlicher: Zum christlichen Verständnis des Offenbarungsgeschehens gehört ein Dreifaches. *Erstens*: Es ist der unendliche Gott, der Vater, der sich vorbehaltlos dem Menschen mitteilt, um engste Gemeinschaft der Liebe mit ihm einzugehen. *Zweitens*: Diese Mitteilung geschieht im Wort (im weit verstandenen Sinn), und zwar auf eine ganz und gar menschliche Weise, auf daß wir es überhaupt vernehmen können. Auf dem Höhepunkt dieser Selbstmitteilung Gottes erscheint das Wort im menschgewordenen Gottessohn

Jesus Christus, in dem Gott sich ganz und vorbehaltlos ausdrückt und preisgibt. *Drittens*: Die Aufnahme, das Verstehen des Wortes Gottes, geht im Menschen auf göttliche Weise vor sich, d.h., die subjektive Aufnahme des Wortes Gottes geschieht in der Kraft göttlichen Wirkens, im Heiligen Geist.

Nur wenn alle drei »Momente« gelten, läßt sich widerspruchsfrei denken, daß Gott im Offenbarungsgeschehen nicht *etwas* von sich offenbart, sondern in grenzenloser Liebe sich buchstäblich selbst mit-teilt und den Menschen in sein göttliches Leben einbirgt. Offenbarung, als radikale Selbstmitteilung Gottes verstanden, setzt also ein trinitarisches Gottesverständnis voraus. Nur wenn Jesus Christus wahrer Gott ist, kann er Gott wirklich offenbaren und uns Gottes Nähe bringen, nur dann ist Gemeinschaft mit ihm auch Gemeinschaft mit Gott. Und nur wenn der Heilige Geist wahrer Gott ist, kann er den Menschen für Gott öffnen und in das Leben Gottes hineinziehen.

Machen wir die Gegenprobe und nehmen wir einmal an, Sohn und Geist wären nicht Gott selbst in Person, sondern lediglich untergeordnete, quasigöttliche Wesen oder nur geschöpfliche Erscheinungsformen eines uns grundsätzlich entzogenen Gottes. Die Folge wäre: Wir hätten es im Offenbarungs- und Heilsgeschehen nie wirklich mit Gott, sondern nur mit nichtgöttlichen Vermittlungen zu tun; und diese würden trotz ihrer vermittelnden Funktion den unüberbrückbaren Abstand zwischen Gott und Mensch noch einmal mehr betonen, ja geradezu definitiv machen. Aber eben dies widerspricht genau der neutestamentlichen Urerfahrung: Gott steht nicht über oder hinter einem – ihn letztlich gar nicht berührenden – Offenbarungsgeschehen, sondern er offenbart sich darin wirklich *als er selbst*. So wie er uns in der Geschichte begegnet, ist er auch in Wahrheit und Wirklichkeit. Und in dieser Begegnung mit dem sich selbst mitteilenden Gott geht auf, daß er durch innere Differenzierungen charakterisiert ist, daß der eine Gott eine Beziehungseinheit ist, ein Gott, der Leben ist, und als solcher personale Verschiedenheit und Einheit, beides gleichursprünglich, in sich birgt. Gerade deshalb können wir auch in diesen Beziehungsraum der drei Personen, in denen sich das göttliche Leben vollzieht, aufgenommen werden. Ja, wir stehen, da Gott im Christusgeschehen schon in letzter Radikalität auf uns zugegangen ist, bereits »mitten drin«. Um es anschaulich zu formulieren: Gott ist

– der uns entzogene, unendlich erhabene Gott *»über uns«*: der Vater, der gleichwohl sich uns ganz mitteilen will;

– der Gott *»vor uns«* und *»neben uns«*: Jesus Christus, das Wort Gottes, das uns anspricht, der Herr, der uns vorangeht, unser Bruder, der mitgeht;

– der Gott *»in uns«*, der Heilige Geist, der von innen her Gottes Wort verstehen lehrt, der für das göttliche Leben öffnet und uns zur Antwort befähigt.

So stehen wir nicht einem einsamen, uns verschlossenem Gott *gegenüber*, sondern im Vernehmen und Verstehen seines Wortes sowie im Antwortgeben darauf stehen wir mitten im dreipersönlichen »Beziehungsgefüge« dieses Gottes. Indem er sich in Jesus Christus und im Heiligen Geist mitteilt, gibt er uns schon Anteil an seinem drei-einen göttlichen Leben.

Der Gott der Christen ist also kein »deistischer« Gott, d.h. ein Gott, der als einsame Monade in erhabener Transzendenz fern von uns über allem Geschehen thront, sondern ist der Gott, der uns von Anfang an, in die Gemeinschaft seines Lebens hineingeschaffen hat und im geschichtlichen Prozeß seiner Selbsterschließung uns mehr und mehr in diese Gemeinschaft hineinziehen will.

Mit dieser Erörterung sind wir bereits über die unmittelbare neutestamentliche Erfahrung hinausgegangen und haben schon den Weg des Nach-Denkens über das trinitarische Offenbarungsereignis eingeschlagen. In der Tat war – auch geschichtlich gesehen – die auf dem Christusereignis basierende Urerfahrung des biblischen Glaubens so umwerfend, daß sie vor allem in den ersten fünf Jahrhunderten, aber im Grunde bis heute, einen Prozeß intensivster Reflexion auslöste, einen Prozeß, der nicht zuletzt zu einer »Revolution im Seinsverständnis« führte.

## *»Revolution im Seinsverständnis«*

Die Formulierung »Revolution im Seinsverständnis« findet sich wörtlich oder der Sache nach bei einer Reihe heutiger Theologen. Was ist damit gemeint? Dazu müssen wir ein wenig ausholen.

Das griechische Denken, in dessen Rahmen sich die Philosophie des Altertums sowie das Interesse des Menschen von damals bewegte und in dessen Horizont sich auch das christliche Glaubenszeugnis der ersten Jahrhunderte verständlich machen mußte, war primär an der Frage nach der Einheit und nach dem bleibend-unveränderlichen Wesen der Wirklichkeit interessiert.

Zur Frage nach der Einheit: Es ist unbestreitbar, daß, soll alles vernünftig zugehen, jede Vielheit auf eine Einheit zurückzuführen bzw. an eine solche zurückzubinden ist. »Das viele ohne das eine zu denken, ist eine Unmöglichkeit«, bemerkt schon Platon (Parmen.166 b 1). Und in der Gegenwart konkretisiert Walter Kasper diesen Grundsatz so: »Ohne eine ... alles umfassende Einheit in der Vielfalt der Wirklichkeit ...

wäre die Welt nur ein aufs Geradewohl umgeschütteter Kehrichthaufen ohne Ordnung und ohne Sinn«[10]. Ja, wir wissen aus eigener Erfahrung: Überall da, wo uns vieles und Vielfältiges begegnet, fragen wir sozusagen spontan nach den Einheiten, aus denen das viele besteht, bzw. nach dem einheitgebenden Wesen oder der einheitgebenden Struktur, welche das Vielfältige trägt und ermöglicht. So gesehen ist die Frage nach der Einheit ein Erfordernis *allen* Denkens und *allen* Umgangs mit der Wirklichkeit.

Doch das antike griechische Denken ging noch einen Schritt weiter: es neigte dazu, sich so sehr von der Frage nach der Einheit in den Bann ziehen zu lassen, daß es das viele und Vielfältige abwertete, es als Scheinwirklichkeit, als uneigentliche Verhüllung der eigentlichen, nämlich der *einen* Wirklichkeit betrachtete und es damit tendenziell zum Verschwinden brachte. Gewiß, auch dahinter steckte die Not des Menschen, weit weg von – und in diesem Sinn »hinter« – der verwirrenden, oft widersprüchlichen und chaotischen Vielfalt des Lebens und der Welt letzten Grund und Halt, Stand und Stabilität, Ordnung und Frieden *im Einen* zu finden, um überhaupt bestehen zu können. Doch tendierte die Überakzentuierung der Einheit dahin, alles viele und Vielfältige als *Schein* zu betrachten oder auch als eine dem Einen gegenüber ganz untergeordnete, geradezu verdünnte, sich dem Nichts nähernde Wirklichkeit.

Diese Art des Denkens läßt sich sehr eindrücklich illustrieren an der wohl bezeichnendsten Metapher des sogenannten Neuplatonismus, nämlich dem Bild einer brennenden Kerze: Die eigentliche und wahre Wirklichkeit des Lichtes ist nur die eine und einzige Kerzenflamme; diese verbreitet und vervielfältigt ihr Licht im Raum um sich herum. Aber dieses Licht ist nur schwacher Abglanz der Lichtquelle und wird, je weiter man von der Flamme entfernt ist, umso schwächer und schwächer; es tendiert zum Nichts; denn irgendwo in einer hinlänglich großen Entfernung gibt es überhaupt kein Licht mehr. So verhält es sich nach neuplatonischer Vorstellung auch mit dem Kosmos, mit der Welt: Eigentlich wirklich ist nur das eine Göttliche. Alles, was es außerdem noch gibt, »das viele«, und dazu gehören Götter und Menschen, Tiere und Pflanzen, Dinge und Beziehungen usw. sind nur ganz untergeordnete, mit Schatten und Dunkelheit vermischte Formen des einen und einzig wahren Wirklichen. So wird die Vielheit disqualifiziert, abgewertet gegenüber der Einheit. Alles dreht sich nur um diese. Das ganze Leben der Menschen ist darauf angelegt, sich aus der bedrängenden, oft so widersprüchlichen Vielheit und Vielfalt zu befreien, und zwar auf ganz unterschiedliche Weise:

– durch asketischen Rückzug aus der Welt des Pluralen, Zerstreuenden und verwirrend Vielfältigen,

– durch philosophisches Denken, das dem vielen durch Reflexion auf den (einen!) Grund geht,

– durch eine ästhetische, den Schein des vielen auf den Grund des Seins hin durchdringende Erfahrung,

– durch kontemplative religiöse Versenkung (contemplare = zusammensehen, d.h. das viele und Vielfältige auf das Eine hin betrachten).

Wie auch immer: Je mehr etwas eins ist und je mehr diese Einheit entdeckt wird, umso mehr – dachte man – partizipiert es am Göttlichen, am Ur-einen, das ganz in sich selbst steht, keine Andersheit in sich birgt, ganz für sich und in sich ist und west. Entsprechend hat am allerwenigsten Wirklichkeit all das, was mit Beziehung zu tun hat. Denn zur Beziehung gehört ja notwendig Vielheit, gehören wenigstens zwei, die miteinander in Relation stehen. Das wahre und wirkliche Sein schließt deshalb Beziehung aus; wahres und wirkliches Sein heißt für das antike Denken »In-sich-Sein« und »Für-sich-Sein«; wahres Sein ist – in einem (philosophischen) Wort gesagt – substantielles Sein.

Damit sind wir schon beim zweiten, damit zusammenhängenden Charakteristikum des antiken griechischen Denkens: Dieses hat nicht nur seinen Brennpunkt in der Frage nach der Einheit, sondern auch in der Frage nach dem, was in allem Wandel und Werden *bleibt*, unveränderlich bleibt. Diese zweite Frage hängt ganz eng mit der ersten zusammen. Denn alles, was Vielheit und Vielfalt an sich trägt, verändert sich auch: entweder ist es einmal so und einmal anders, oder es tut sich einmal mit dem einen und einmal mit dem anderen zusammen und bildet so immer neue Variationen und Differenzierungen, ja Widersprüche heraus, die der Sehnsucht des Menschen, festen Halt, bleibendes Zuhause, harmonischen Frieden zu finden, widerstreiten. Deswegen richtet sich das Suchen auf das, was allem Wandeln enthoben ist. Und dies ist schließlich und endlich das göttlich Eine, die in sich ruhende oberste Monade (= höchste einfache, in sich geschlossene, unteilbare Einheit), die, unbeweglich in sich selbst kreisend, der Welt des Werdens und des vielen in absoluter Erhabenheit und Transzendenz gegenübersteht. Es ist die höchste, sich selbst besitzende Substanz, weitab über allen Niederungen des Nichtgöttlichen.

Unter dieser Perspektive also ging man in der griechischen Antike an die Realität heran, suchte sie zu verstehen und zu ergründen sowie einen Lebenssinn in ihr zu verwirklichen.

Durch das Christusgeschehen kommt nun in dieses Seins-, Gottes- und Lebensverständnis sozusagen Bewegung. In der christlichen Offenbarung zeigt sich ja: Gott ist nicht höchste, in sich geschlossene Substanz, die eine, unberührbare, unbewegliche Monade, sondern sich mitteilendes Leben, Beziehung, Communio. Das, was bei Aristoteles den geringsten und schwächsten Seinsbestand hat, die Beziehung, wird vom christlichen Glauben her als das wahre Wesen allen Seins entdeckt: Sein ist Beziehung, Mitsein, Miteinandersein, »Vernetztsein«. Und so wird verständlich: Das eine höchste, göttliche Sein ist eine *Gemeinschaft* von drei Personen.

Diese Einsicht aber war so neu, so erstaunlich und unerwartet, daß sie sich erst allmählich im christlichen Glauben durchsetzen und das Denken in Beschlag nehmen konnte. Selbst da, wo Glaube und Theologie eindeutig den Trinitätsgedanken zur Geltung brachten, trat immer wieder auch die Einheitsidee in den Vordergrund.

Dies geschah in der östlich-orthodoxen Theologie dadurch, daß der *Vater* als der Einheitsgrund, als »Quelle« und »Ursprung« der Trinität verstanden wurde, aus dem »dann« (nicht zeitlich, sondern ontologisch, d.h. gemäß der Seinsordnung verstanden) die anderen göttlichen Personen hervorgehen. Demgegenüber betonte die spezifisch westliche Theologie eher (aber nicht ausschließlich) die *eine Wesenheit* Gottes, die sich »dann« (wiederum nicht zeitlich, sondern ontologisch verstanden) gewissermaßen in die drei Personen »auffächert«.

Nach und aufgrund von zahlreichen Ansätzen in der Vergangenheit wird erst in der Gegenwart von einer Reihe von Theologen (keineswegs von allen) eine eindeutig »communiale« Sicht des drei-einen Gottes vertreten, eine Sicht, die auch in den folgenden Ausführungen leitend sein wird.

## *Gott ist Gemeinschaft*

Die Formulierung der Überschrift dieses Abschnitts ist vielleicht ungewohnt, und sie kann auch gründlich falsch verstanden werden, wenn man sich unter Gemeinschaft etwa drei selbständige, in sich geschlossene Personen vorstellen würde, die sich zusammentun, gewissermaßen »addieren« zu einer Art von »Göttergemeinschaft«. Das ist natürlich ganz und gar nicht gemeint. Hier darf unsere menschliche Erfahrung nicht auf Gott projiziert werden. *Für uns* ist es so, daß Gemeinschaft entsteht, wenn bis dahin selbständige Personen Beziehung miteinander aufnehmen und im Vollzug ihrer Gemeinschaft auch selbständige Personen bleiben. So kann es in Gott nicht sein. In Gott sind nicht drei, die *dann* aus ihrem Selbstsein heraus in Beziehung zueinander treten. Vielmehr ist die Einheit Gottes eine über allem Begreifen liegende, ursprüngliche Beziehungseinheit der Liebe, in der die drei Personen sich gegenseitig das eine göttliche Leben vermitteln und in diesem Austausch sich sowohl als unterschieden wie auch als zuhöchst eins erweisen. Einheit der Beziehung, der Liebe, und nicht Einheit der Substanz oder eines Kollektivs: das ist die neue christliche Einheitsidee, die in der Offenbarung des drei-einen Gottes aufleuchtet! In diesem »Aufleuchten« geht aber zugleich auf, daß auch der vom Chaos des Vielfältigen, Verwirrenden und Zerstreuenden betroffene Mensch genau nach einer *solchen* Einheit zutiefst sucht. Wenn wir Einheit, Harmonie, Frieden und Übereinstimmung ersehnen, erstreben wir im Grunde gar nicht die Einheit einer Monade oder einer Substanz, eines Systems oder eines Kollektivs, das als »ein und alles« am liebsten alle Unterschiede, Konflikte und Spannungen als Schein entlarven oder einebnen oder verschlingen will. Nein, wir ersehnen letztlich die Einheit lauterer Liebe, einer Liebe, »die, indem sie nichts anderes ist als sie selber, gerade in sich selbst Beziehung und Gemeinschaft ist«[11]. Und solche Einheit ist in Gott verwirklicht und zu finden. Er ist ursprüngliche Beziehungseinheit der Liebe, genauer noch: ein *Vermittlungsgeschehen* von drei Personen, die in vollendeter Liebe ihr gemeinsames göttliches Leben vollziehen.

Das meint auch ursprünglich der Begriff Communio. Dieses lateinische Fremdwort darf nicht ohne weiteres mit dem statischen Begriff einer (beständigen) »Gemeinschaft« übersetzt werden, vielmehr ist Communio ein *Geschehen*; sie ist ein Prozeß, in welchem die verschiedenen einzelnen, indem sie sich gegenseitig an ihrem Leben Anteil geben und so ein gemeinsames Leben vollziehen, gerade in ihrer Verschiedenheit Einheit finden. Communio ist also eine Einheit, die ihren Gegensatz, nämlich Vielheit, nicht außerhalb ihrer selbst hat, sondern in sich trägt: die Einheit der Communio ist gerade jene Einheit, welche Kommunikation von verschieden bleibenden »vielen« meint. Communio ist die Vermittlung von Identität und Differenz: von Unterschiedenheit, die auf Einheit hin ist, von Einheit, die sich gerade im Zusammenspiel der vielen vollzieht.

In Bezug auf den trinitarischen Gott haben dies schon die großen kappadozischen Theologen des 4. Jahrhunderts so gesehen. Sie haben formuliert: Das Leben Gottes ist gewissermaßen ein »Pulsieren«, gemäß dem »aus Einheit Dreiheit und aus Dreiheit wieder Einheit wird«[12]. Der Sache nach ist damit etwas von dem zum Ausdruck gebracht, was später in den theologischen Fachbegriff der »Perichorese« (deutsch etwa: gegenseitiges Umfangen und Durchdringen) gefaßt wurde. Perichorese ist ursprünglich ein Wort, welches aus der Welt des Tanzens

(»Umtanzen«) stammt: Einer umtanzt den anderen, der andere umtanzt den einen. Auf die Trinität gewendet heißt das in metaphorischer Sprache: Die drei göttlichen Personen stehen in solcher Gemeinschaft, daß sie nur als »gemeinsame Tänzer« in einem gemeinsamen Tanz vorgestellt werden können: Der Sohn ist ganz im Vater und mit dem Vater, der Vater ganz im Sohn und mit dem Sohn, und beide finden ihre Einheit durch das Band des Geistes. So tanzen sie den einen gemeinsamen Tanz des göttlichen Lebens. Was dem einen gehört, gehört auch dem andern, was der eine hat, besitzt auch der andere, was der eine vollbringt, vollzieht er zusammen mit den andern und in den andern. »Nur indem Vater, Sohn und Geist ineinander sind, ›nichts anderes‹ sind als gegenseitige Beziehung und Ineinandersein, ist das eine und selbe und unteilbare göttliche Wesen in ihnen und sind sie in ihm«[13].

Das entspricht den Aussagen des Johannesevangeliums, das in seinem »Prolog« von einer überzeitlichen Beziehung engster Liebe des Sohnes zum Vater spricht: Er ist »der Einzige, der Gott ist und am Herzen des Vaters ruht« (1,18). Und weil die Liebe so »durchdringend« ist, kann Jesus sagen: »Was der Vater tut, das tut in gleicher Weise der Sohn« (5,19), und: Die Jünger sollen erkennen und anerkennen, »daß in mir der Vater ist und ich im Vater bin« (10,38). Entsprechend spricht Jesus selbst zum Vater: »Alles, was mein ist, ist dein, und was dein ist, ist mein« (17,10). So sind Jesus und der Vater »perichoretisch« ganz eins. Ähnlich ist und wirkt auch der Geist das, was ihm eigentümlich ist und ihn von den andern Personen unterscheidet, nicht separat, für sich, sondern »er geht vom Vater aus« (15,26) und wird – sagt Jesus – »von dem nehmen, was mein ist, und es euch verkünden« (16,14). Kurz: Niemals ist nur *eine* der göttlichen Personen am Werk. *Trotz*, oder viel besser: *in* ihrer gegenseitigen Liebesbeziehung sind sie radikal geeint, durchdringen sie sich ganz und gar.

Dies alles sind zwar *Glaubens*aussagen. Diese können aber *anfanghaft* im Blick auf Erfahrungen, die wir in zwischenmenschlichen Beziehungen machen, durchaus plausibel, ja nachprüfbar werden. So deckt Thomas v. Aquin in einer phänomenologischen Betrachtung menschlicher Liebe auf: »Weil die Liebe den Liebenden in den Geliebten 'transformiert', läßt sie den Liebenden in das Innerste des Geliebten (und umgekehrt) eintreten, so daß nichts vom Geliebten aus der Einigung mit dem Liebenden ausgeschlossen bleibt ...«[14]. Liebe fügt also die Liebenden, obzwar sie verschiedene Menschen sind, zu einer untrennbaren und nicht aufteilbaren Einheit zusammen. Doch bleibt unter uns Menschen eine Differenz zwischen dem einigenden *Akt bzw. Vollzug* der Liebe und dem selbständig bleibenden *Sein* der Liebenden. Denn auch wenn die Liebenden im Geschehen, im Vollzug der Liebe »ein Fleisch«, d.h. ganz eins werden, so bleiben sie doch außerhalb des aktuellen Vollzugs zwei separate, einander gegenüberstehende, gesonderte Subjekte. Das »muß« in Gott anders sein, da es in ihm keine Differenz zwischen Akt und Sein gibt: In und durch die Liebe, die zwischen den göttlichen Personen herrscht, geschieht *sowohl* höchste Unterscheidung der Personen (weil Liebe die Unterschiedenheit der Liebenden fordert) *wie auch* höchste Einheit (gegenseitige Durchdringung).

Anders gesagt: Die Personen in Gott sind durch ein derartiges In-Beziehung-Sein ausgezeichnet, daß dieses sie sowohl unterscheidet wie auch zusammenbringt. Das, was der einzelnen göttlichen Person je besonders zukommt, ihre »Eigentümlichkeit«, das also, was sie als »Vater«, »Sohn« oder »Heiliger Geist« kennzeichnet (siehe dazu S. 37ff), kommt ihr zwar aus dem gemeinsamen »Beziehungsgefüge« zu, und doch ist ihre Besonderheit nichts »Exklusives«, etwas, was sie von den andern unter-«scheidet«, im Sinne von trennt, absondert, vereinzelt, vielmehr hat sie es in der Weise zu eigen, daß es durch sie zugleich auch den andern zukommt und mit dem Besonderen der andern sich zum Ganzen des göttlichen Lebens fügt.

Dieser Sachverhalt läßt sich für uns anschaulich am Beispiel des Leibes verdeutlichen. Jedes Organ, jedes Glied, hat eine bestimmte, ihm eigentümliche Funktion. Nehmen wir etwa die Lunge: sie ist für die Sauerstoffversorgung im Leib zuständig. Aber diese ihre »Besonderheit« *ist* nur, weil sie *für das Ganze* des Leibes ist. Durch die Lunge wird letztlich und endlich alles mit dem lebenswichtigen Sauerstoff versorgt. Das »Besondere« wird im Organismus zum »Allgemeinen«. Umgekehrt betrachtet würde aber auch die Eigentümlichkeit der Lunge nicht sein, wenn ihre »Besonderheit« nicht vom »Allgemeinen« des Leibes begründet und getragen wäre. Das organische Leben eines Leibes ist ein schwaches Bild für (inter)personales Leben und Wirken: Was der eine an Besonderem hat, hat er für den/die andern, das hat er aber auch – jedenfalls zu einem guten Teil – von ihnen her (beim Menschen: von Eltern, Erziehung, Umwelt, Gesellschaft).

Das, was wir also anfanghaft auch in unserer geschöpflichen Wirklichkeit erkennen können, wird uns vollends im Blick auf den drei-einen Gott eröffnet: Was »Sein«, »Wirklichkeit«, »Realität« zutiefst ist, zeigt sich in Gott als radikalstes Bezogen-Sein, In-Beziehung-Sein[15]. Ja, was solche Beziehung in letzter Konsequenz bedeutet, wurde überhaupt erst und wird weiter am trinitarischen Gott offenbar.

Damit hat sich noch einmal mehr geklärt, was »Revolution im Seinsverständnis« bedeutet: Der Glaube an den trinitarischen Gott verändert das ganze Wirklichkeitsverständnis. Es geht nicht mehr um die Einheit der Substanz, um das In-sich-Sein und das Für-sich-Sein, es geht auch nicht um das Kollektiv-Sein, in dem alle Unterschiede »eingebuttert« werden, sondern vom dreieinen Gott her eröffnet sich die Beziehungswelt der Person als das entscheidende Paradigma, um Wirklichkeit zu verstehen und sich in ihr zurecht zu finden. Als tiefstes Wesen der Realität zeigt sich die Relation, das In-Beziehung-Sein. Die höchste und eigentliche Wirklichkeit sowohl im geschöpflichen wie erst recht im göttlichen Bereich ist das Miteinander-Sein.

Dabei sind In-sich-Sein und Miteinander-Sein nicht eigentlich Gegensätze, und beides steht auch nicht im umgekehrten Verhältnis zueinander im Sinne von: Je mehr ich Ich bin, umso weniger bin ich von anderen abhängig und auf andere hingeordnet, nein, beides ist direkt proportional: Ich bin umso mehr Ich selbst, als ich für andere ein Du bin und mit ihnen in Beziehung stehe, und umgekehrt. Ich brauche also keine Angst zu haben, daß mein Ich, mein Selbstand in Gefahr gerät, wenn ich mich in und auf Beziehungen einlasse. Handelt es sich wirklich um personale Beziehungen (und nicht um ein unreifes Anhängselsein an andere oder um Flucht in die Symbiose mit anderen, gleich der urkindlichen Symbiose im Mutterschoß), so gewinne ich gerade in Beziehungen den eigentlich reifen, personalen Selbstand. Zwar bleibt im geschöpflichen Bereich, also unter uns Menschen, eine ständige Differenz zwischen Ich-Sein (bzw. In-sich-Sein) und Für-andere-Sein, zwischen Substanz-Sein und Beziehung-Sein. Aber wenn beides grundsätzlich direkt proportional ist, läßt sich mindestens anfänglich verstehen und es nicht als Widerspruch erscheinen, daß die Personen in Gott gerade dadurch je sie selbst sind, daß sie ganz und gar voneinanderher und aufeinanderhin sind und so die untrennbar eine Gottheit ausmachen. Eins-sein und Drei-sein in Gott widersprechen sich – so gesehen – überhaupt nicht, wie Goethe und vor ihm und nach ihm viele andere meinten. Gott ist gerade insofern einer, als er ein unauflösbares personales, besser: interpersonales Beziehungsgefüge ist. Das eine göttliche Wesen existiert nur im Lebensaustausch von Vater, Sohn und Geist. Jede der göttlichen Person ist ganz auf die andere hin und von ihr her, und zwar in strikter Gegenseitigkeit, indem jede zugleich gibt und empfängt. Die Personen in Gott haben also keinen Selbst-Stand gegeneinander, sondern was sie sind, sind sie nur im Voneinanderher, Miteinander und Aufeinanderhin.

Von daher tritt auch erst der Spitzensatz des Neuen Testaments in sein volles Licht: »Gott ist die Liebe« (1 Joh 4,16). Wenn nämlich der eine Gott die Liebe ist, dann sind die drei Personen gleichsam die »Knotenpunkte«, zwischen denen sich der Rhythmus der Liebe vollzieht: Geben – Empfangen – Zurückgeben (und in diesem Zurückgeben: zur Einheit Zusammenführen). Alle drei Personen sind damit – wie H.U. v. Balthasar zutreffend formuliert – »die eine und selbe Liebe in drei Seinsweisen, die unentbehrlich sind, damit in Gott überhaupt Liebe, und zwar ... höchste selbstloseste Liebe sein kann«[16]. Der eine Gott ist das eine Liebesspiel, das sich zwischen den drei Personen ereignet: Lieben, Geliebtwerden, Mitlieben.

Vielleicht stellt sich hier aber die Frage, wieso es in Gott (nur bzw. gerade) drei Personen sind, die im Austausch des Lebens und der Liebe stehen, warum nicht vier, fünf ... Auch wenn wir das Wesen des unendlichen Gottes nicht und niemals ergründen können und deshalb auf das Faktum der Selbstoffenbarung Gottes in drei Personen verwiesen sind, gibt es doch die Möglichkeit des behutsamen Nach-Denkens, um uns dem Geheimnis Gottes von fern zu nähern.

Zur Beantwortung der eben aufgeworfenen Frage hat bereits ein großer mittelalterlicher Theologe, Richard v. St. Viktor, einen einsichtigen Weg aufgezeigt: Wenn Gott vollkommene Liebe ist, so bedarf diese zunächst einmal zweier gleichrangiger »Partner«; das wissen wir aus unserer eigenen Erfahrung. Aber die Liebe unter zweien kann noch nicht die höchste Verwirklichung der Liebe sein. Dazu muß sich das eigene Lieben und Geliebtwerden, also die gegenseitige Liebe, noch einmal öffnen für einen Dritten. Er schreibt:

> »Wo zwei ... sich einander in gegenseitiger Liebe umarmen und jeder in dieser gegenseitigen Liebe höchste Lust findet, da liegt der Gipfel der Freude gerade in der innigsten Liebe des anderen, und umgekehrt: der Gipfel der Freude des anderen in der Liebe des ersten. Solange dieser aber in Ausschließlichkeit vom anderen geliebt wird, bleibt er der einzige Besitzer seiner süßen Lust, ebenso wie auch der andere. Solange sie keinen Mitgeliebten haben, kann das Beste der Freude eines jeden nicht zur Gemeinsamkeit werden. Damit beide in ihrer Freude kommunizieren können, bedürfen sie eines Mitgeliebten«[17].

Man kann diesen Gedankengang Richards so verschärfen: Aus unserer Erfahrung wissen wir, daß exklusive Liebe zwischen zweien sehr leicht in einen Egoismus zu zweit umschlagen kann. Jeder genießt *sich selbst* im andern und durch den andern. Der andere ist gewissermaßen nur Mittel und Spiegelung des eigenen Narzißmus. Erst die gemeinsame Beziehung, das gemeinsame »Überströmen« zu einem Dritten, welcher oder welches das, was die beiden je für sich erfahren, von beiden mitgeteilt erhält, vermag das Nur-Egoistische der Liebe aufzubrechen. Dieses/dieser »Dritte« kann sein – vor allem! – eine Person (das gemeinsame Kind, der gemeinsame Freund, die gemeinsame Gottesbeziehung), dann aber auch der gemeinsame Beruf, das gemeinsame Hobby, gemeinsam angepeilte Ziele. Wie auch immer: Erst an einem »Dritten« und angesichts dessen konstituieren sich Ich und Du zum gemeinsamen Wir. Deshalb ist also nicht das Ich-Du-Verhältnis, also das »Dialogische«, das Grundelement wahrer Liebe, sondern das Ich-Du-Er(Sie/Es)-Verhältnis, also das »Trialogische«.

Diese unserer Erfahrung entnommene Phänomenologie der Liebe ist nun gewiß kein »Beweis« dafür, daß es sich so auch in Gott verhalten muß, aber sie bietet doch einen anschaulichen Verstehenszugang zum »trialogisch-trinitarischen« Wesen Gottes.

### *Die verschiedenen Personen in Gott*

Der gerade angeführte phänomenologische Zugang läßt uns auch die Verschiedenheiten bzw. Eigentümlichkeiten der Personen in Gott nach-denkend besser verstehen.

Zunächst einmal wird plausibel, daß dem *Heiligen Geist*, als dem »Dritten« gerade die Besonderheit zukommt, sowohl das »Band der Einheit« zu sein, das Vater und Sohn zum gemeinsamen Wir verbindet, *wie auch zugleich* der »Faktor«, welcher die Liebe, die Gott in sich ist, über Ich und Du hinaus überströmen läßt; zunächst einmal in Gott selbst, aber dann auch in die Schöpfung und in unser Herz hinein (»Die Liebe Gottes ist ausgegossen in unsere Herzen durch den Heiligen Geist«: Röm 5,5). Im Geist, dem »Dritten«, der einend zusammenschließt und überströmen läßt, ist somit Gott erst wahrhaft »die Liebe«.

Weil im Heiligen Geist die Liebe, die Gott ist, ihre Vollendung findet, ist »Geist« nicht nur der Name der dritten Person, sondern auch die Bezeichnung Gottes überhaupt. So heißt es z.B. in Joh 4,24: »Gott ist Geist«. Deshalb kann der Heilige Geist auch hinter dem Wir von Vater und Sohn zurücktreten (so etwa in Joh 17,21ff), weil er »Garant« dieses Wir *ist* und nur dann ausdrücklich zur Sprache kommen muß, wenn auf die Ermöglichung dieses Wir reflektiert wird.

Gegenüber dem Heiligen Geist ist der *Vater* in der »Rhythmik der Liebe« die »Ur-Gabe«, das unfaßbar-abgründige Geheimnis des Sich-Verschenkens. Und darum ist er es, welcher der ganzen göttlichen Communio als Geschehen der Liebe Grund und Halt gibt. Wenn die Person des Vaters darin ihre Eigentümlichkeit hat, daß sie ihr göttliches Leben nur im Sich-Verschenken besitzt, so folgt daraus, daß auch er seine »Identität« von den beiden andern Personen her gewinnt. Denn nur in der Annahme wird ein Geschenk zum Geschenk. Nur von den andern her und auf sie hin ist der Vater Vater.

Der *Sohn* hat in der »Rhythmik der Liebe« die Eigentümlichkeit, daß er »Dasein im Empfang« ist (v. Balthasar). Er nimmt sein Gottsein vom Vater entgegen. Indem aber dessen Gabe in ihm, im Empfang durch ihn, in das Gegenüber zum Vater tritt und damit »anders« wird, gewinnt sie in diesem Anderswerden auch neue Gestalt und äußersten Ausdruck ihrer eigenen Möglichkeiten; im Sohn wird die Gabe gewissermaßen »ausdrücklich«, »worthaft«, »offenbar«. Zugleich läßt der Sohn, indem er sich vom Vater her empfängt, dessen Gabe ans Ziel kommen, er erkennt sie dankbar an, gibt sie damit zurück und läßt so den Vater Vater sein. Aber er gibt auch (zusammen mit dem Vater) die Gabe göttlichen Lebens und Liebens an den Geist weiter, der – wie wir sahen – seinerseits Vater und Sohn zusammenschließt und deren Liebe überströmen läßt.

Für all diese Bestimmungen, die je die Besonderheit der einzelnen Personen zu erfassen suchen, lassen sich Hinweise aus der Heiligen Schrift anführen. Doch wichtiger als jedes Detail ist hier, daß jede Person, gerade auch in ihrer Eigentümlichkeit, ihr göttliches Leben von den andern her und auf sie hin besitzt. Sie ist, was sie ist, in einem Vermittlungsgeschehen, in welchem sie sich im höchsten Sein, in Gott, (und – wie wir noch sehen werden – in Abschattungen auch im geschaffenen Sein) als Mit-Sein, als »Knotenpunkt« im Netzwerk der Liebe erweist.

Der Schweizer Schriftsteller Kurt Marti hat dies in dichterischen Worten so formuliert:

> »Gottes Sein blüht gesellig ...
> als Gemeinschaft,
> vibrierend, lebendig,
> beziehungsreich ...
> Kein einsamer Autokrat jedenfalls,
> schon gar nicht Götze oder Tyrann!
> Eine Beziehungskommune vielmehr,
> einen für den andern,
> ›dreifach spielende Minneflut‹ ...
> Mich stellt's jedenfalls auf,
> Gott als Beziehungsvielfalt zu denken,
> als Mitbestimmung, Geselligkeit,
> die teilt, mit teilt, mit anderen teilt:
> ›Die ganze Gottheit spielt
> ihr ewig Liebesspiel‹ ... «[18].

Zu ergründen ist dies von uns letztlich nicht, und braucht es auch nicht. Viel wichtiger ist die grundsätzliche Einsicht, daß

Gott Communio/Gemeinschaft ist, Beziehung, Liebe, sich verströmendes Leben.

Dieses Gottesbild, das in der christlich-neutestamentlichen Grunderfahrung aufleuchtet und zu einer neuen Sicht der Wirklichkeit führt, hat nun eine ungeheure Wirkungsgeschichte gehabt, die das Wort Kants, daß man aus der Trinitätslehre »nichts Praktisches« machen könne, als schlechthin falsch erweist. Solche Konsequenzen, die sich sowohl auf das Selbstverständnis des Menschen und seiner Welt wie auf das praktische Tun und Verhalten wie – nicht zuletzt! – auf das Begreifen des christlichen Glaubens in seinem inneren Zusammenhang und seiner Dialogfähigkeit beziehen, sollen nun im Folgenden an einigen Beispielen aufgezeigt werden.

# Konsequenzen

## *Menschsein im Bild des trinitarischen Gottes*

Es läßt sich zeigen, daß das abendländische Personverständnis ganz wesentlich von der biblischen Gottesoffenbarung her geprägt ist. Nicht daß das Personsein des Menschen erst aufgrund des Glaubens aufgegangen wäre. Das nicht! Schon vorher, in der antiken philosophischen Tradition, entdeckte man, daß der Mensch ein geistiges Individuum ist, das durch Selbstbesitz und Selbstreflexion, durch freie Selbstverfügung und sittliche Verantwortung ausgezeichnet ist. Doch werden in der Heiligen Schrift – mit Verweis auf die göttliche Offenbarung – die Einmaligkeit des Menschen und sein einzigartiges In-Verantwortung-Stehen (vor Gott und der Mitwelt) erheblich radikalisiert.

Das ist im übrigen nicht besonders erstaunlich. Denn es ist eine uralte Einsicht, daß das Verständnis, das der Mensch von sich selbst hat, aufs engste mit seinem Glauben und dem entsprechenden Gottesverständnis verknüpft ist. Der Mensch entdeckt, wer er ist, gewissermaßen »auf dem Umweg« über die jeweilige Erfahrung und Kenntnis vom Göttlichen. So schreibt schon um das Jahr 200 der antike Schriftsteller Minucius Felix: »Man kann das Wesen des Menschen nicht erkennen, wenn man nicht vorher das Wesen der Gottheit sorgfältig untersucht hat«[19]. Und aus der Neuzeit lautet ein Satz von Emil Brunner: »Für jede Kultur, für jede Geschichtsepoche gilt der Satz: Sage mir, was für einen Gott du hast, und ich will dir sagen, wie es um deine Menschlichkeit steht«[20]. Gottesbild und Menschenbild entsprechen sich aufs allerengste.

Im Alten Testament stellt sich dies so dar: Anders als das antike philosophische Denken, das – wie schon erwähnt – dazu neigte, durch die Oberfläche des »vielen« hindurch zum Einen und Allgemeinen durchzustoßen und diesem, nicht dem einzelnen, den Primat zu geben, sieht die Bibel den Menschen in seiner je konkreten Besonderheit und Einzigartigkeit. Und diese kommt ihm zu, weil der Mensch vom lebendigen, in die Geschichte eingreifenden Gott angesprochen wird. Dadurch erhält »das Individuum, das das Wort empfängt, eine neue Qualität: die der *einmaligen Person* … Die Person leuchtet im Individuum dort auf, wo sie vom schlechthin einmaligen Gott ihren ebenso schlechthin einmaligen … Namen zugesprochen erhält«[21].

So ist schon im Alten Testament der einzelne nicht nur »ein Fall von Mensch«, der – wie im Griechentum – »nicht erwarten [darf], von der Gottheit wahrgenommen zu werden«[22], sondern etwas ganz und gar Einmaliges: durch den Anruf eines willentlich handelnden und deshalb selbst »personal« erscheinenden Gottes wird er zur Person. Dies verstärkt sich noch in der späten alttestamentlichen Zeit, wo nach der Zerschlagung der Eigenstaatlichkeit Israels der einzelne in den Vordergrund des Glaubensdialogs mit Gott tritt. Dieser Prozeß der »Individualisierung« geht dann weiter in der »unendlichen Bedeutung«, die Jesus dem einzelnen zukommen läßt, und in seinem Nachfolgeruf, der den Angesprochenen jenseits aller bis dahin geltenden gesellschaftlichen Bindungen in den Dienst am Evangelium stellt (vgl. z.B. Lk 9,58f).

Besteht der Beitrag der alttestamentlichen Offenbarung in der Entdeckung der Besonderheit und Einmaligkeit des Menschen, so geht von der neutestamentlich-trinitarischen Erfahrung noch einmal etwas ganz Neues auf: Gott ist der Lebendige nicht nur, indem er den Menschen anredet, Gemeinschaft mit ihm eingeht und Beziehungen knüpft, Gott ist auch *in sich selbst* Communio und Communicatio; sein eigenes machtvolles Personsein verwirklicht sich im Beziehungsnetz dreier göttlicher Personen. Gemäß der anfangs dargelegten Entsprechung zwischen Gottesbild und Menschenbild konnte es deshalb nur eine Frage der Zeit sein, daß man entdeckte: Auch menschliches Personsein ist als Bild göttlichen Personseins nicht nur und nicht vorrangig durch substantielles Ich-Sein bzw. In-sich-Sein geprägt, durch Selbstand und Selbstbezug, sondern durch *Beziehung* von andern her – auf andere hin. Person im Vollsinn ist und wird man durch gegenseitige freie Anerkennung, im Miteinander-Sein und Füreinander-Sein. Der andere gehört also wesentlich zum eigenen Personsein hinzu. Im anderen und durch den anderen gewinne ich mich selbst, wird mein Leben erst reich, erfüllt und vollendet. Eben dies läßt sich am trinitarischen Gott »ablesen«, ja, diese Einsicht ist eine Konsequenz des Glaubens an den drei-einen Gott.

Damit gelangte man aber nicht nur zu einer neuen »theoretischen« Glaubenseinsicht, sondern auch zu neuen, ganz praktischen Perspektiven: Wenn sich das eine göttliche Leben gerade im Austausch von drei verschiedenen Personen, von Vater, Sohn und Geist verwirklicht, dann bedeutet dies: Einheit und Vielheit, Einheit und Vielfalt, Einheit und Anderssein sind gleichursprünglich, gleichrangig, gleichwichtig, zunächst einmal in Gott, doch dann – gemäß der genannten Entsprechung von Gottes- und Menschenbild – auch bei uns.

Das zieht nun Konsequenzen nach sich, die alles andere als selbstverständlich sind. Man denke nur an die verschiedensten Gemeinschaften und sozialen Gebilde, in denen wir leben oder die wir kennen. Fast überall wird hier Einheit, Gleichklang, Uniformität höher geschätzt als Pluralität, Vielfalt, unterschiedliche Einstellungen. So ist es auch in der Kirche, von der später noch eigens die Rede sein soll. Aber dies gilt nicht nur von der Kirche! Es ist eine Dauerversuchung jeder Gemeinschaft, angefangen von Ehe und Familie bis hin zu Staat und Gesellschaft, das Anderssein des andern nicht ertragen zu wollen (oder zu können), es nicht zu respektieren, anzunehmen, anzuerkennen, zu schätzen. Es ist leichter und bequemer, alles über einen Kamm zu scheren, Vielfalt zu unterdrücken, Abweichler auszuschalten, Einheit über alles zu stellen. So suchen sich die Alten gegen die Jungen durchzusetzen und umgekehrt, die Progressiven gegen die Konservativen und umgekehrt, die Rechten gegen die Linken und umgekehrt. Einer sucht, jeweils den andern auf seine Seite zu ziehen und so dessen Anderssein zu beseitigen oder ihn »in eine Ecke« zu stellen, um auf diese Weise dessen Anderssein »fertig zu machen«, zu verdrängen oder zu eliminieren, alles, damit endlich Einheit und Harmonie, Ruhe und Frieden herrschen. Aber was für Ruhe und Frieden? Schließlich gibt es auch die Friedhofsruhe!

Das Menschenbild, das sich am drei-einen Gott orientiert, hat eine andere Praxis zur Folge. Hier gehört der andere als anderer und damit dessen Anderssein als wesentliche, unumgängliche Größe dazu. Erst die Beziehung zum anderen läßt zum eigenen vollen Personsein finden.

Ein schöner Text des Dichters Jan Twardowski lautet:

»Wenn alle je vier Äpfel hätten,
wenn alle gesund und stark wären wie ein Roß,
wenn alle gleich wehrlos wären in der Liebe,
wenn jeder dasselbe hätte,
dann brauchte keiner den andern.

> Ich danke DIR, daß DEINE Gerechtigkeit
> Ungleichheit ist … «[23].

»Ungleichheit«, »Anderssein«, sind gerade Bedingung für einen wirklichen, in die Tiefe des Seins reichenden Lebensaustausch der »Ungleichen«, sind Voraussetzung für Ergänzung und Bereicherung, für gegenseitiges Sich-Korrigieren und -Herausfordern. Ernst Käsemann formuliert (im Zusammenhang der Charismenlehre des hl. Paulus und dessen Bild vom Leib Christi) sehr schön folgendermaßen:

> »Der Leib [Christi] besteht nicht aus einem, sondern aus vielen Gliedern. Denn während das Gleiche sich nur anödet und gegenseitig überflüssig macht, vermag das Unterschiedene sich gegenseitig zu dienen und in diesem Dienst der Agape [Liebe] eins zu werden.«[24]

In der Tat, Menschen, die gleich sind, die Gleiches können, Gleiches denken, Gleiches wollen, brauchen sich gegenseitig nicht, sie machen sich füreinander überflüssig und bestätigen sich höchstens gegenseitig in uniformen »geschlossenen Gesellschaften«, die sich gegen andere abkapseln. Der Blick auf den drei-einen Gott zeigt etwas anderes, daß nämlich »Einheit« nur rechtens ist, wenn sie sich in Vielfalt vollzieht: im Mitsein, in der Anerkennung des andern, im Austausch mit ihm und in der Ergänzung durch ihn. Und Vielfalt ist nur dann rechtens, wenn sich das jeweilige Anderssein – und damit der Variationsreichtum – im gegenseitigen Schenken und Empfangen (wozu – unter Menschen – auch kritische Infragestellung und konflikthaftes Ringen um das Wahre und Rechte gehört) zur Einheit der Liebe zusammenfügen.

Der drei-eine Gott gibt also gewissermaßen ein Modell dafür an, wie Einheit und Vielfalt sich zueinander verhalten, verhalten sollen: Trinitarische Einheit ist nicht dinghafte Einheit und nicht kollektive Uniformität, sie ist weder narzißtisches Pathos des einsamen Ich-bin-Ich und Ich-allein, noch tyrannische Unterdrückung des vielen zugunsten des eigenen monadischen Egos. Trinitarische Einheit ist gerade das Beziehungsnetz, der Lebens- und Liebesaustausch der vielen »je anderen« und des vielfältigen »Je-anders-Seins«. Darin und nur darin ist und wird man »Person« und wahrhaft Abbild des einen Gottes in drei Personen.

Von daher zeigt sich auch, daß das neutestamentliche Doppelgebot der Liebe im Grunde nichts anderes ist als »dynamisierter Trinitätsglaube«. Das heißt: es ist Weisung an uns, in gegenseitiger Anerkennung, Zuwendung und Hilfeleistung, in herzlichem Miteinander-Leben und solidarischem Füreinander-Dasein Trinität, genauerhin: trinitarische Einheit in die Praxis unseres Lebens umzusetzen. So ist es kein Wunder, daß seit Anfang der Christenheit wahrhaft gelebte Brüderlichkeit (heute würde man sagen: Geschwisterlichkeit), der caritative und gesellschaftspolitische Einsatz für die andern sowie der Aufbau eines Netzes gegenseitiger Hilfeleistung und Unterstützung sich als *das* »Specificum Christianum« schlechthin darstellt[25].

### *Gegenprobe: Der Mensch als »einsames Subjekt«*

Genau in dem Maß, als zu Beginn der Neuzeit aus Gründen, die wir hier nicht weiter erörtern können, der Glaube an den dreieinen Gott zurücktrat und seine lebensprägende Kraft verlor, ging auch dieses relationale Personverständnis ein gutes Stück verloren. Gott wurde mehr und mehr nur als unitarischer (d.h. als der undifferenziert eine) Gott, als höchstes »einsames« Subjekt verstanden, nicht mehr als communialer, gemeinschaftlicher Gott. Und entsprechend verstand sich auch der Mensch als ichzentriertes Subjekt. »Zum Personsein gehört notwendig letzte Einsamkeit«, formuliert Duns Scotus am Übergang zur Neuzeit (Ord.III, 1, 1 nr.17) und läutet damit ein Menschenbild ein, das letztlich ruinöse Folgen hatte. Denn dessen Defizite trafen noch mit einem anderen wichtigen Faktor zusammen.

*Ein* Wesenszug der Neuzeit bestand (und besteht) darin, daß der Mensch diesen unitarischen Gott abzulösen versuchte bzw. dessen Stelle – jedenfalls in wichtigen Punkten – einzunehmen trachtete. (Näheres dazu auf S.116f). Nicht mehr Gott, sondern der Mensch hat die Welt nach eigenen Vorstellungen zu leiten, zu gestalten, umzuwandeln. Nicht mehr Gottes Gesetz, sondern die menschliche Vernunft gibt Norm und Sinnziel allen Verhaltens und Gestaltens vor. Nicht mehr die Sehnsucht nach einer künftigen himmlischen Heimat bei Gott, sondern der Wille, hier und jetzt irdisches Glück zu schaffen, nimmt das Herz des Menschen in Beschlag. Da auf diese Weise der Mensch an die Stelle Gottes zu treten versuchte, verstand er sich (auf Grund des Zusammenhangs von Gottes- und Menschenbild) gemäß der ihm vorgegebenen »unitarischen« Sicht Gottes – Gott als höchstes »einsames« Subjekt – konsequenterweise selbst als »unitarisch«, als selbstbezogenes, in sich kreisendes Subjekt. Ja, das einzelne Subjekt betrachtet sich nunmehr selbst als monadischen Einheits- und zentralen Bezugspunkt aller Wirklichkeit. Als selbstbewußtes autonomes Subjekt sucht es sich allem andern gegenüber als »Herr« darzustellen und sich alles andere zu unterwerfen, gleich einem großen »Bauch«, der alles »auffrißt«, um es sich »einzuverleiben«: Macht und Größe,

Kompetenz und Anerkennung, Geld, Besitz und höchstmögliches Glück.

Auf diese Weise ist nun endgültig das christliche Personverständnis, das sich am trinitarischen Gott orientiert, verabschiedet. Nicht mehr Relationalität, das In-Beziehung-Stehen zum andern, kennzeichnet den Menschen, sondern die sich selbstbestimmende und selbstverwirklichende Subjektivität, die sich als Mittelpunkt setzt und von sich her alles andere zu beherrschen sucht.

Damit verbunden bildet sich vom neuzeitlichen Subjektverständnis her die Atmosphäre einer alles ergreifenden Bemächtigungstendenz. Denn wenn der einzelne sich selbst als Mitte und Einheitspunkt aller Wirklichkeit setzt, entsteht geradezu notwendig der Macht- und Konkurrenzkampf der vielen Einzel- oder auch Kollektivsubjekte, Klassen, gesellschaftlichen Gruppen, Rassen und Nationen, da sich ja jedes als Einheits- und Bezugspunkt, d.h. als sich ganz allein selbst bestimmendes Subjekt durchsetzen, »durchboxen« und behaupten will – sozusagen gegen »den Rest der Welt«. »Ich bin Ich!«, das ist gewissermaßen die erste und grundlegende Devise dieses Stranges neuzeitlichen Geistes. Und wo das Pathos dieses »Ich bin Ich!« sich absolut setzt, hat der (das) andere ausgespielt, hat er (es) nichts mehr »verloren«, es sei denn als Material oder als Instrument für die eigene Selbstverwirklichung. Deshalb entsteht dort, wo das einzelne Subjekt sich gegen alles andere durchsetzen will, zwangsläufig der Kampf, Konkurrenzkampf und Dauerkrieg gegen alle noch erfahrbare Fremdbestimmung bzw. gegen alle Beeinträchtigung des eigenen unbedingten Selbstbezugs, der eigenen unbedingten Selbstbestimmung. Eben dieser Kampf ist Zeichen und Ausdruck dafür, »daß die Selbstbestimmung singulärer und allgemeiner Subjekte niemals rein als solche, sondern immer nur in nicht-endender Hinwegarbeitung von Fremdbestimmung durchgesetzt werden kann«[26]. Deshalb ist das Subjekt nie mit sich und der Welt »im Frieden«, denn der oder das andere will sich ja seinerseits *gegen mich* durchsetzen, will *mich* beherrschen, *mich* sich »einverleiben«.

So zeigt sich die ganze Widersprüchlichkeit und Problematik dieses Menschenverständnisses. Wo Menschsein nicht trinitarisch-communial, sondern unitarisch-subjekthaft (im Sinne des neuzeitlichen Subjekts) gedacht wird, endet alles nur im Kampf und Widerspruch, im ewigen Konflikt und in der ständigen Konkurrenz der vielen, je sich selbst als Einheits- und Mittelpunkt setzenden Monaden.

Das gilt nicht nur von Einzelsubjekten, sondern auch von Kollektivsubjekten, wie etwa von Staaten, Nationen – und auch Religionen. Ja, das gilt auch vom Christentum, wo es die zentrale Bedeutung des Trinitätsglaubens vergessen oder hintangestellt hat. Heinrich Rombach schreibt dazu: Bis in die Gegenwart hinein zeigt sich, »was die drei großen Religionen, die sich unter der Herrschaft des Einheitsdenkens entwickelt haben, das Judentum, das Christentum und der Mohammedanismus, an Radikalität und Unerbittlichkeit aus der Geschichte übernommen und in die gegenwärtige Lebenswirklichkeit hineinversetzt haben«[27].

Man muß nur in die Geschichte bis heute hineinblicken, und man wird immer wieder darauf stoßen: Unitarisches Denken, d.h. die Weise, vom selbstzentrierten Subjekt aus, sei dies nun Einzel- oder Kollektivsubjekt, die Wirklichkeit in den Blick zu nehmen, führt immer zu absolutistischen Konsequenzen; es führt dazu, sich gegen den/das andere bzw. die anderen durchzuboxen, über sie triumphieren und sie eliminieren zu wollen.

Die Orientierung am trinitarischen Gott zeigt etwas ganz anderes: Personsein heißt nicht einsames Ego sein. Vielmehr gehört zum Personsein die Beziehung zum anderen und damit der andere selbst und die Gemeinsamkeit mit ihm. Personsein heißt nicht Selbstbestimmung gegen das andere oder den anderen, Personsein heißt nicht sich freikämpfen von aller Fremdbestimmung, sondern heißt Selbstwerden in und durch Mitsein und Füreinanderdasein. So erscheint die Trinität »als das Modell jeden gesellschaftlichen Zusammenlebens ..., das gerecht ist, Gleichheit verwirklicht und Unterschiede achtet«, wie Leonardo Boff zusammenfaßt[28] und damit den trinitarischen Glauben in die befreiungstheologische Perspektive Lateinamerikas hineinstellt.

Weiter zeigt der Blick auf den drei-einen Gott, wie sich das »Soziale« und »Individuelle« zueinander verhalten: Die soziale Welt entsteht nicht einfach aus der Addition von vielen einzelnen, sie ist aber auch keine Wirklichkeit über bzw. jenseits der Individuen. Es gilt vielmehr die Beobachtung von Paul W. Riener:

> »Wie der eine lebendige Gott nicht gleichsam als ein Viertes neben oder aus den drei göttlichen Personen kommend verstanden werden darf, sondern als der Eine zu sehen ist, der in den drei göttlichen Personen und in ihrer Verbundenheit verwirklicht ist, so kann auch menschliche Gesellschaft nicht als ein Überindividuum gelten, das als ein großes Eins die Summe der in der Gemeinschaft verbundenen Menschen überschattet und ausschaltet«[29].

Alles Gesellschaftliche *besteht* vielmehr im Austausch, in der gegenseitigen Beziehung der vielen einzelnen, die ihrerseits gerade durch dieses In-Beziehung-Stehen ihr wahres Personsein finden.

Somit hebt der Trinitätsglaube eine Doppelpoligkeit im Menschen nachdrücklich hervor: Der Mensch ist *zum einen* ein mit Freiheit begabtes Individuum und *zum andern* Glied der menschlichen Gemeinschaft, auf vielfache Weise mit anderen verbunden und nur zusammen mit ihnen wahrhaft Mensch. Kein Pol darf hier unterschlagen werden, weil gerade so und nur so das Wesen des drei-einen Gottes abgebildet und in menschliche Praxis umgesetzt wird. Damit zeigen sich – wie August Brunner zurecht betont – vom Trinitätsglauben her

> »Individualismus und Kollektivismus in gleicher Weise als einseitig und ungeistig verurteilt. In beiden kann der Mensch das Heil und die Einheit, in der die Selbstverwirklichung besteht, nicht finden. In beiden verkümmert er in seiner Menschlichkeit, unterwirft er sich den Gesetzen der unteren Natur, statt diese durch sein Personsein zu durchdringen und sich anzuverwandeln. Beide führen darum auch zur Überbetonung von Wirtschaft und leiblichem Wohlergehen und verfallen dem Materialismus. Unfreiheit, Gewalt und Unterdrückung sind die unvermeidlichen Folgen«[30].

Nur in Communio und Communicatio, d.h. in einem Prozeß der Vermittlung von Individuum-Sein und In-Gemeinschaft-Stehen verwirklicht sich die menschliche Person wahrhaft selbst. Und dazu ermutigt der Glaube. Wenn nämlich der drei-eine Gott sein Leben so vollzieht, daß eine göttliche Person in der Gemeinsamkeit der Liebe jeweils in der anderen bei sich selbst ist, so ist prinzipiell auch die endliche Person fähig, in der Gemeinschaft mit anderen und in der Beziehung zu ihnen nicht nur ihre Schranken und Grenzen, sondern gerade auch ihre Selbsterfüllung zu finden.

Damit ist dem menschlichen Leben ein Ziel vorgegeben, sozusagen eine idealtypische Orientierung, die unter den Bedingungen der Geschichte nie voll verwirklicht, ja oft genug auf Grund der Sünde (siehe dazu S.74f) konterkariert wird. Doch sind solche Zielvorstellungen nicht deshalb schon idealistische, lebensferne Abstraktionen. Denn nur dann kann der Mensch unmenschliche Verhältnisse bestehen und gegen sie angehen, wenn im dunklen Tunnel der Entfremdung ein – wenn auch noch so fernes – Licht aufleuchtet, das Orientierung gibt, Richtung weist und Hoffnung schenkt.

So gesehen ist der Trinitätsglaube alles andere als eine rein theoretische oder kontemplative Gaubenseinsicht, er provoziert vielmehr eine neue Praxis. Er wird zur Basistheorie für eine Ethik solidarischen Miteinanders und Füreinanders. Zwar ist der Trinitätsglaube nicht unmittelbar praktisch. Aber – so formuliert es Jürgen Moltmann – er »verändert die Praxis gründlicher als alle möglichen Alternativen, die sich der Handelnde ausdenken kann«[31]. Er stellt ein anderes Modell von Mensch- und Personsein vor, da er Wirklichkeit als vernetzte Wirklichkeit versteht, die gerade im gegenseitigen Austausch ihre Fülle und Vollendung findet.

### *Schöpfung, die aus der Liebe kommt*

Der Glaube an den drei-einen Gott wirft nicht nur sein erhellendes Licht auf das, was der Mensch als Person ist, er vermag auch aufzuklären, wie es um die Welt, besser: um die Schöpfung, um ihren Grund, ihren Sinn und ihr Endziel bestellt ist.

Blicken wir zunächst auf Grund und Herkommen der Schöpfung. Zu allen Zeiten gab es Stimmen, welche die These vertraten, daß Gott mit Notwendigkeit eine Schöpfung ins Werk setzen mußte. Als Begründung verwies man *entweder* auf die unendliche Fülle des göttlichen Lebens, die sich – wie das

Licht einer Kerze – wesensnotwendig in das Dunkle des Nichts in abnehmenden Helligkeitsgraden verströmen müsse (man spricht hier von Schöpfung als »Emanation«, d.h. als »Ausfluß« aus dem göttlichen Sein), *oder* man betonte die Einsamkeit Gottes, der, um zu lieben und wieder geliebt zu werden, der Schöpfung bedürfe. Liebe bedarf des Partners, und so bedarf Gott, um Liebe zu sein, des Geschöpfes. Ohne dies wäre Gott – so der große Philosoph Hegel – »das leblose Einsame«. Und er führt zustimmend einen Vers von Friedrich Schiller an:

> »Freundlos war der große Weltenmeister
> Fühlte Mangel – darum schuf er Geister,
> sel'ge Spiegel seiner Seligkeit!«

Eine eindrucksvolle Illustration dafür sind auch die Worte, die der Schriftsteller Jean-Paul Gott in den Mund legt: »Wahrlich, ich wollte, es gäbe Menschen! ... Ich so ganz allein, nirgends ein Pulsschlag, kein Leben, nichts um mich und ohne mich nichts als nichts ...«. Darum also *mußte* Gott eine Schöpfung ins Werk setzen. Diese Position findet sich auch verbreitet unter jüdischen Gelehrten. So schreibt Pinchas Lapide:

> »Warum schuf Gott die Welt? Wozu braucht er sie? Und die Antwort der Schriftgelehrten nach jahrhundertelangem Nachsinnen lautet: daß er sie aus Liebe schuf. Warum aus Liebe? Weil Liebe das einzige ist, das eines Gegenübers bedarf. Und daher schuf er den Menschen in seinem Ebenbild«[32].

Wenn aber eine dieser beiden Möglichkeiten zuträfe – sei es, daß Gott aus der überbordenden Fülle seines Lebens heraus oder um der Behebung seiner Einsamkeit willen schaffen mußte –, wäre es letztlich um die Würde der Schöpfung, insbesondere des Menschen geschehen. Denn was wäre die Folge? *Entweder* ist der Mensch dann nur Bestandteil eines (bereits erwähnten) naturhaft-notwendigen und deshalb unpersönlichen Emanationsprozesses, *oder* er wird gebraucht, und das heißt auch: funktionalisiert, verzweckt, für das Ziel, Gott zur Liebe zu konstituieren, zu ermöglichen, daß Gott Liebe sei. Wie aber kann da noch *wahre* Liebe zwischen Schöpfer und Geschöpf sein? Ein Geschöpf, das wie Kerzenschein aus einem naturnotwendigen Sich-Verströmen der Gottesflamme hervortritt, ist kein echtes Gegenüber zu Gott und kann daher auch nicht wirklich »mitspielen« im Hin-und-Her der Liebe; und ein Geschöpf, das schon in seinem Ursprung dazu verzweckt ist, Gott zur Liebe zu »machen«, entbehrt in seiner Funktionalität jener Freiheit, die unbedingt zur Liebe gehört.

Aber mehr noch: Auch um die Göttlichkeit Gottes ist es geschehen. Denn wie kann er dann noch Gott, der aus sich heraus Vollkommene, Sich-selbst-Genügende, Erhabene sein, wenn er der Schöpfung, insbesondere des Menschen bedarf? Gottes Gottheit, Gottes Freiheit und Souveränität gegenüber der Schöpfung bleiben nur gewahrt, wenn er immer schon *in sich selbst* Liebe ist, personaler Austausch, liebendes gegenseitiges Geben und Nehmen, eben: der dreipersönliche Gott. Wenn aber Gott schon in sich selbst Gemeinschaft der Liebe ist, dann ist Schöpfung *nicht* notwendig, um Gott allererst zur Liebe zu »machen«. Gott braucht den Menschen *nicht*, um Gott zu sein oder gar zu »werden«.

Diese beiden letzten Sätze sind nur scheinbar negative Aussagen. Ihr Sinn ist zutiefst positiv und befreiend: Gerade weil Gott der Schöpfung nicht bedarf und weil sie nicht naturnotwendig aus ihm herausströmt, ist sie von ihm in »freiester Freiheit« ins Werk gesetzt, um ihr Anteil am göttlichen

Leben zu geben, um sie »umsonst«, aus lauterster Güte und Liebe, hineinzunehmen in den eigenen personalen Austausch des Lebens und der Liebe. So kann das Geschöpf ganz »es selbst« sein. Es darf sich sagen: Ich bin nicht »Rädchen« in einem notwendigen Prozeß; Gott braucht mich nicht, damit ich für irgendetwas »funktioniere«, sondern ich bin frei gewollt, absichtslos. Gott liebt mich, weil er mich ganz als mich selbst lieben möchte, weil er mich als mich selbst meint, sozusagen ohne Zwecke und Hintergedanken, ohne daß er daraus Nutzen für sich ziehen will.

So macht der Glaube an den drei-einen Gott, an den Gott, der in sich selbst Liebe, interpersonaler Liebesaustausch ist, verständlich und plausibel, daß die ganze Schöpfung (und darin ich selbst) in Freiheit aus Liebe und zur Liebe geschaffen ist.

Noch von einer anderen Seite her zeigt sich etwas Ähnliches. Nehmen wir einmal an, Gott wäre nicht trinitarisch, sondern strikt unitarisch, d.h. die eine, höchste und absolute Substanz. In dem Fall könnte geschöpfliches Sein gar keinen Platz neben ihm haben. Denn die eine, höchste, absolute Substanz schließt jedes selbständige »Daneben« von etwas anderem aus. Sie »beschlagnahmt« ja gewissermaßen alles Sein in sich und für sich; sie *ist* »alles Sein«. Und deshalb sind dann Formulierungen wie »Gott *und* Schöpfung«, »Gott *und* Mensch« in sich widersinnig. Denn der differenzlos einen, höchsten und absoluten Substanz kann man nicht ein »und« hinzufügen. Auf dieser Linie bemerkte vor einiger Zeit Kurt Flasch, selbst ein heftiger Kritiker des christlichen Trinitätsglaubens:

> »Wenn man ein oberstes Prinzip annimmt, kann dieses, … um die Vielheit der Welt zu begründen, nicht pur, nicht rein,

nicht abstrakt nur Einheit sein. Und insofern kommen viele Philosophen ... auf die Idee, dieser ersten, weltbegründenden Einheit eine gewisse innere Bewegung, einen gewissen inneren Reichtum, eine gewisse Vielfalt zuzuschreiben«[33].

In der Tat: Von einem radikal monadisch verstandenen Gott her kann Schöpfung nicht begriffen werden. Und überdies könnte ein solcher Gott weder ein freies Ja oder Nein des Geschöpfes empfangen, noch es mitwirken lassen, noch es überhaupt lieben, weil Liebe ja einen wirklichen Selbstand des andern voraussetzt.

Machen wir ein kleines Gedankenexperiment: Nehmen wir an, Gott wäre das »unitarische«, alle Wirklichkeit in sich einbegreifende und alles bestimmende höchste Sein. Durch die Schöpfung wäre ihm dann aber ein »Etwas« gegenübergestellt, das einen gewissen Selbstand und eine gewisse Eigenmacht hat. Wie kann Gott dann aber noch die *alles* umfassende Wirklichkeit sein und die *alles* bestimmende Macht, da doch »ihm gegenüber« oder »neben ihm« geschöpfliches Sein existiert? Diese Widersprüchlichkeit läßt sich nur dann lösen, wenn Gott eben nicht nur absolutes Sein und absolute Seinsmächtigkeit ist, sondern auch Offensein für anderes, Empfangenkönnen vom anderen, Sich-bestimmen-Lassen durch anderes. Zwar ist und bleibt Gott das höchste Sein, aber höchstes Sein ist er gerade dadurch, daß er radikalstes Beziehungssein ist.

Genau das meint die Rede vom trinitarischen Gott: Gott ist *einer*, aber einer, der sein innergöttliches Leben im Austausch der Liebe vollzieht; er ist kein in sich geschlossenes Absolutum, sondern eine communiale Einheit, in welcher die einzelnen göttlichen Personen ihr Gottsein je von den anderen her empfangen und ihnen schenken. Sie sind von ihrem innersten Wesen her so, daß sie den anderen Personen »Raum« neben sich gewähren, einen Raum, in dem sie offen und empfänglich sind für die je anderen. Nur ein solches Gottesbild gibt auch der Schöpfung einen Raum »frei« und kann so schlüssig die Koexistenz von Gott und Schöpfung erklären. So hat es schon Thomas v. Aquin verstanden. Er schreibt: »Die Kenntnis der göttlichen Personen ist notwendig,... um über die Schöpfung richtig zu denken« (Sth I, 32, 1 ad 3).

Die Frage, wie Schöpfung angesichts der Absolutheit Gottes überhaupt existieren könne, wo denn ihr »Ort« und ihr (Handlungsspiel-)»Raum« sei, läßt sich im Blick auf den drei-einen Gott so beantworten: Der »Ort« der Schöpfung ist nicht »neben« oder »gegenüber« einer alles aufsaugenden göttlichen Monade, was – wie wir sahen – nur in Widersprüche führt, sondern ihr Ort ist Gott selbst, anschaulich gesagt: der durch die drei göttlichen Personen gebildete »Raum« gegenseitigen Gebens und Empfangens. In diesen göttlichen Lebensaustausch ist sie aus Gnade hineingenommen und hat somit selbst einen »Spielraum«. Sie wird nicht von einer absolutistischen Einheit Gottes erdrückt, sondern darf – als (geschaffenes) Spiegelbild der Herrlichkeit des Vaters, geprägt vom göttlichen Wort und erfüllt vom Heiligen Geist – mit-sein, mit-empfangen, mit-geben.

Im Bild gesprochen: Gäbe es einen einsamen Ballspieler, der den Ball als »seinen Besitz« immer nur bei sich behielte, gäbe es nie eine Chance für andere zum Mitspielen. Erst da, wo eine Mehrzahl von Spielern wirklich Ball spielt, d.h. wo jeder den Ball losläßt und ihn andern zuspielt und diese ihn wieder zurückspielen, können auch weitere hinzukommen, um mitzuspielen. Ein anderes Bild: Wo ein Kind allein mit seinem Computerspiel beschäftigt ist und so narzißtisch bei sich selbst bleibt, kann kein anderes mitspielen; wenn es sich aber um ein sog. »interaktives Computerspiel« handelt, das von vornherein von einer Vernetzung von Mitspielern ausgeht, können sich auch andere in das Spiel einschalten und mitmachen. Im Klartext: Weil das Leben des trinitarischen Gottes ein »Spiel« gegenseitiger Lebensvernetzung und -vermittlung ist, können auch andere, wir, die Geschöpfe, darin eintreten und mithandeln. Und so zeigt sich die ursprünglich von Gott gewollte (und nicht durch die Sünde entstellte) Schöpfung als ein »Mitspielen« im Leben des drei-einen Gottes.

Alle anderen Weisen religiösen Weltverständnisses geraten demgegenüber in unlösbare Widersprüche. Wo Gott nicht als drei-einer verstanden wird, erdrückt *entweder* seine Allmacht und Souveränität den Menschen, so daß das »Wehe mir!« des Geschöpfes vor seiner alles bezwingenden Majestät das letzte Wort bleibt und das Geschöpf letztlich zunichte wird, *oder* der Mensch maßt sich an, sich als Partikel bzw. als Vollzugsmedium der Gottheit zu verstehen. In beiden Fällen ist der Mensch überfordert; der religiöse Bezug wird ihm zur totalitären Macht, welche seine Freiheit erdrückt oder sein Dasein überbeansprucht. Letztlich vermag nur der Glaube an einen Gott, der in sich selbst Liebe, Liebesvollzug ist, den Menschen verständlich zu machen als ein Geschöpf, das in Freiheit aus Liebe geschaffen und zur Liebe bestimmt ist. Denn nur so zeigt sich, daß Gott in seiner absoluten Erhabenheit den Menschen nicht erdrückt, aber auch, daß er nicht der Gott »unter uns« ist, der unser bedarf, sondern der Gott »mit uns« und »in uns«, der uns »umsonst« in die Liebe, die er als trinitarischer Gott selbst ist, hineinnimmt.

### *»Trinitarisierung«: das Ziel der Schöpfung*

Wenn Gott Communio ist und der Mensch als Bild *dieses* Gottes geschaffen wurde, um dieses Bild mehr und mehr in sich auszuprägen und dadurch Gott ähnlicher zu werden, so tritt darin auch die letzte Bestimmung des Menschen hervor: Er ist dazu gerufen, das zu werden, was Gott immer schon ist: Communio, Gemeinschaft, Lebensaustausch, um einmal in alle Ewigkeit an der vollendeten Communio des trinitarischen Gottes teilzuhaben.

Dies dürfte einsichtig sein: Nur wenn der Mensch communial geworden ist, kann er im Leben des communialen Gottes »mitspielen«. Sonst wäre er gewissermaßen ein Fremdkörper in dem ihm verheißenen göttlichen Leben. Darum ist Communio-Werdung die zentrale Lebensaufgabe des Menschen. Dafür leben wir. Was Gott ist: vollkommene Gemeinschaft der Liebe, dem sollen wir uns in Freiheit, so weit es uns möglich ist, annähern. Und dazu ist unser Tun herausgefordert. Denn nur wenn an der Herbeiführung der Communio von Gott und Mensch beide im Geben und Empfangen beteiligt sind, kommt diese als *gemeinsames* In-Beziehung-Stehen wirklich zustande. Darum ist Gott nicht allein der Gebende. Um es paradox zu formulieren: Gott gibt auch »zu tun«, um vom geschöpflichen Tun her die Antwort der Liebe empfangen zu können. Jede Gabe Gottes an den Menschen ist *immer* zugleich Auf-Gabe, Befähigung und Herausforderung zum Mithandeln. Das gilt erst recht für Gottes höchste Gabe an den Menschen: Indem Gott Gemeinschaft mit sich anbietet, wird sein Angebot sogleich zur Einladung, dieses Geschenk zu »verwirklichen«, d.h. am Ziel der Schöpfung, nämlich ihrer Communio mit Gott, mitzuwirken.

Communio hat nun aber für den Menschen eine doppelte Ausrichtung: sie ist sowohl Gemeinschaft mit Gott wie auch Gemeinschaft mit den Mitmenschen, ja mit der ganzen Schöpfung. Beides ist aufs engste miteinander verbunden. Um das Bild Gottes in sich auszuprägen und ihm ähnlicher zu werden, hat der Mensch in beide Formen der Communio hineinzuwachsen. Es gilt, aus dem »Ursprungsnarzißmus« der Sünde auszubrechen, d.h. die Neigung zu überwinden, rücksichtslos bei allem nur sich selbst zu suchen und das eigene Leben als einzigen großen Egotrip zu verstehen. Demgegenüber ist die Aufgabe gestellt, sich mehr und mehr in das Netzwerk der Gemeinschaft (mit Gott und untereinander) hineinzustellen. Genau diese Communio in zweifacher Verwiesenheit, präziser: die zweifach-eine Communio-Werdung des Menschen ist nach christlicher Überzeugung Inhalt und Ziel von Zeit und Geschichte. Zwar sind Anlage und Berufung zur Communio von Schöpfung her seinsmäßig vorgegeben – darin besteht letztlich das Bild-Gottes-Sein des Menschen –, aber diese Urvorgegebenheit muß, weil sie sich an die Freiheit richtet, auch in Freiheit verwirklicht werden.

Verwirklichung endlicher Freiheit aber bedeutet wesentlich »Aus-zeitigung«, d.h. Sich-Verwirklichen in Zeit und Geschichte: Im Durchgang durch die Welt, in der Herausforderung durch konkrete Situationen und Begegnungen, in Auseinandersetzung mit Gesellschaft und Zeitgeist hat der Mensch seine schöpfungsmäßige Vorgabe in Freiheit einzuholen und mehr Communio, Gemeinschaft, Lebens- und Liebesaustausch zu werden, um zu größerer Ähnlichkeit mit Gott zu gelangen. Deshalb schenkt Gott Zeit. Sein Lebensvollzug: Communio, den er aus der Fülle seines eigenen Wesens heraus erwirkt, soll von uns nicht nur passiv, das heißt durch ein einfaches Entgegennehmen und Geschehenlassen göttlichen Handelns nachgeahmt werden, sondern in aktiver, kraft eigener Freiheit vollbrachter Tat. Wenn wir am Ende der Zeit für immer im Leben des trinitarischen Gottes mitspielen, tun wir es nicht als Bettler, denen alles in den Schoß gefallen ist, sondern als solche, die sich dieses Leben »miterwirken« durften und gerade dadurch noch einmal mehr Gott ähnlich sind.

Auf dieser Linie läßt sich auch die Logik und innere Konsequenz der alt- und neutestamentlichen Heilsgeschichte und ihrer Verheißungen verstehen. Durchgehende »Chiffre« der

Geschichte Jahwes mit seinem Volk ist der *Bund* Gottes mit dem Menschen. Damit ist ihm die Aufgabe gestellt, ein diesem Bund gemäßes Leben zu führen. Er soll sich mehr und mehr in den Bund, den Gott mit ihm eingeht und immer enger schliessen will, hineinstellen. Wie tief diese Bundeswirklichkeit geht, zeigt die bis ins Neue Testament hineinreichende, aber schon im Alten Testament anhebende Brautsymbolik: »Wie der junge Mann sich mit der junge Frau vermählt, so vermählt sich dir dein Schöpfer. Wie der Bräutigam sich freut über die Braut, so freut sich dein Gott über dich« (Jes 62,5). Als Bild Gottes und Abglanz der göttlichen Herrlichkeit ist der Mensch das geliebte Gegenüber Gottes, in das Gott so verliebt ist, wie ein bis über beide Ohren in sein Mädchen vernarrter junger Mann. Auf diese Liebeserklärung und dieses Werben Gottes um ihn soll der Mensch antworten. Er ist dazu eingeladen, zum Bund Ja zu sagen und ihm entsprechend zu leben.

Aber die »vertikale« Richtung des Bundes (der Bund zwischen Gott und Mensch) ist nur dann wirklich, wenn dieser auch »horizontal«, in der Gemeinschaft mit dem Mitmenschen, vollzogen wird.

Dies wird auf vielfache Weise erzählerisch dargestellt: Von Anfang an beruft Gott nicht einzelne Menschen zur Gemeinschaft mit sich, sondern »die vielen«, die sich zur Einheit zusammenfügen sollen. Das wird – nach einigen Theologen – bereits in der Erschaffung des Menschen, wie sie in Gen 1 dargestellt wird, thematisiert. Wenn es dort heißt: »Gott schuf den Menschen als sein Abbild; als Abbild Gottes schuf er ihn. Als Mann und Frau schuf er sie« (Gen 1,27), dann bedeutet dies: Gerade darin ist der Mensch Bild Gottes, daß er nicht als isoliert einzelner, sondern auf den andern hin erschaffen ist. Als Mann und Frau, die in unterschiedlicher Einmaligkeit und zugleich in gegenseitiger Hinordnung – formal gesagt: die in Differenz und Identität, in Unterschiedenheit und Einheit – die Urgemeinschaft der Menschheit bilden, spiegelt der Mensch den trinitarischen Gott wider. Als solcher erhält er auch den Auftrag, die Schöpfung zu hüten sowie »sich zu vermehren und die Erde zu bevölkern« (Gen 1,28), d.h. die eigene Urgemeinschaft auszuweiten. So zielt die Schöpfung von Anfang an nicht auf je isoliert einzelne, sondern auf die Communio der vielen einzelnen, auf die Vereinigung des durch Vielheit bestimmten geschaffenen Seins.

Dieses Communio-Werden ist ein Prozeß sich steigernder Ausweitung: vom Familienclan zum Volk Gottes. Wenn in diesem Prozeß einzelne von Gott berufen werden, dann nicht eigentlich *als* einzelne, sondern stets mit dem Auftrag, der Communio-Werdung aller zu dienen. So wird z.B. Abraham zwar als einzelner herausgerufen, aber dafür, daß er ein Segen sei *für alle*: Er soll zum Stammvater eines Volkes werden und zum Vater des Glaubens für alle Menschen. Ähnliches wiederholt sich stets aufs neue. Einzelne spielen insofern eine Rolle, als sie eine Aufgabe haben für das Ganze des Volkes Gottes. Und auch dieses ist noch nicht das Ziel, noch nicht die vollendete Form der Communio. Das Gottesvolk soll vielmehr »zum Segen werden für die ganze Erde« (Jes 19,24). Es soll auf alle Heidenvölker ausgreifen, die laut Jes 2,1f nach Jerusalem kommen sollen, um teilzuhaben am Bund Israels mit Gott und an dessen gelingender Gemeinschaft untereinander.

Nicht nur die alttestamentliche Heilsgeschichte steht unter dem Vorzeichen der Gemeinschaftswerdung, sondern erst recht ihre neutestamentliche Konkretisierung und Steigerung. So wird z.B. vor allem in den sog. Abschiedsreden des Johannesevangeliums herausgestellt, daß die Einheit von Vater und Sohn auf die Jüngerschaft Jesu ausgreifen und von ihr aus die ganze Welt erfassen soll. Ja, darin besteht das Testament Jesu, also sein letzter, alles einbegreifender Wille und die Pointe seines ganzen Redens, Tuns und Erleidens: »Alle sollen eins sein, wie du, Vater, in mir bist und ich in dir bin, so sollen auch sie in uns sein« (Joh 17,21). In der Einheit Jesu mit dem Vater, in ihrer beiderseitigen Liebe »schon vor Erschaffung der Welt« (17,24), *besteht* Jesu »Herrlichkeit«; und die schenkt er den Jüngern weiter: »Ich habe ihnen die Herrlichkeit gegeben, die du mir gegeben hast; denn (!) sie sollen eins sein, wie wir eins sind, ich in ihnen und du in mir. So sollen sie vollendet sein in der Einheit« (17,22f). So tritt die Einheit der Menschen aus der Einheit des dreifaltigen Gottes hervor und soll als »vollendete Einheit« darin wieder eingeborgen werden.

Damit stimmt auch überein, daß im Johannesevangelium das ganze Heilswerk Jesu in der Kurzformel zusammengefaßt ist: »Er (Jesus) sollte nicht nur für das Volk (Israel) sterben, sondern um die versprengten Kinder Gottes wieder zu sammeln« (11,52). Das entspricht auch der »Pointe«, auf die die synoptischen Evangelien zulaufen. Alle schließen mit dem Auftrag zur Sendung in die Welt; es gilt, »alle« zu Jüngern zu machen und »auf den Namen« des drei-einen Gottes zu taufen, d.h. sie in den trinitarischen Macht- und Beziehungsraum einzugliedern. Kurz: Die Communio, in der der dreifaltige Gott existiert, soll in der Jüngerschaft Jesu ausgeprägt sein; als solche wird sie dann ausgesandt, um die ganze Welt aus ihrer Zerspaltung heraus- und in die eigene Gemeinschaft (mit Gott und untereinander) hineinzuführen.

Das 2. Vatikanische Konzil greift diese Sicht des letzten Ziels von Schöpfung und Heilswerk Gottes auf, wenn es sagt: »So soll sich das Ziel des Willens Gottes erfüllen, der das Menschengeschlecht am Anfang als eines gegründet und beschlossen hat, seine Kinder aus der Zerstreuung wieder zur Einheit zu versammeln« (LG 13). Das letzte Ziel heißt also »Einheit«, man könnte besser sagen: »Trinitarisierung« der ganzen Wirklichkeit: Was Gott als trinitarischer Gott ist, sollen und dürfen wir werden.

In mehr traditioneller Sprache heißt dieses Ziel endgültiger und vollendeter Communio mit Gott und untereinander »Himmel«. Dieser ist kein privates tête à tête des einzelnen mit Gott, sondern eine »soziale Größe«. So jedenfalls ist es klar und deutlich in den Bildern der Heiligen Schrift, zumal in der Botschaft Jesu, zum Ausdruck gebracht. Aus der rabbinischen Literatur ist bekannt, daß das Judentum zur Zeit Jesu über eine äußerst farbenreiche Ausmalung der künftigen Welt verfügte. Demgegenüber kennt Jesus nur *ein* Bild für den Himmel: das Bild des gemeinsamen Mahles (Hochzeitsmahls). Ähnlich sieht die Offenbarung des Johannes den Himmel unter dem Bild der Gottesstadt oder auch der gemeinsamen Liturgie – alles soziale Bilder. An Paulus anknüpfend, läßt sich sagen: Der Himmel besteht darin, daß alle durch und durch »Leib Christi« geworden sind, d.h. so eng untereinander vernetzt sind, wie Glieder an einem Leib, die in gegenseitigem Lebensaustausch einander verbunden sind und so mit Christus als »Haupt« und dem Heiligen Geist als »Seele« den einen Leib bilden »zur Ehre Gottes des Vaters«. Himmel ist die Communio der communial gewordenen Menschheit mit dem »communialen«, dem trinitarischen Gott.

Auf dieses Ziel hin sind wir jetzt noch unterwegs. Auch die schon Verstorbenen bei Gott »warten« noch auf die Vollendung dieser Communio. So formuliert es der wohl bedeutendste altchristliche Theologe Origenes:

> »Die von hier scheidenden Heiligen [= Geheiligten, also Christen] erhalten nicht sogleich den vollen Lohn ihrer Verdienste, sondern sie warten auf uns … Gewiß wirst du Freude haben, wenn du als Heiliger aus diesem Lande scheidest, aber vollkommen wird deine Freude erst dann sein, wenn dir keiner der Glieder [am Leibe Christi] mehr fehlt. Warten wirst nämlich auch du, wie du umgekehrt schon erwartet wirst. Wenn es aber für dich, der du Glied [am Leibe Christi] bist, offenbar keine vollkommene Freude gibt, solange auch nur ein Glied fehlt, wie muß da unser Herr und Heiland, der ja das Haupt und der Urheber des Leibes ist, es für geminderte Freude empfinden, wenn ihm noch immer Glieder seines Leibes fehlen? … Er will nicht ohne dich, d.h. nicht ohne sein Volk, das ›sein Leib‹ ist und ›seine Glieder,‹ seine volle Herrlichkeit empfangen«[34].

Auf vollendete Communio hin ist die Welt, ja ist Christus selbst mit der Welt noch auf dem Wege; das Ziel wird erst dann erreicht sein, wenn die ganze Schöpfung in die Communio des dreifaltigen Gottes eingegangen und Gott »alles in allem ist« (1 Kor 15,28). Dann wird sich in unverhüllter Klarheit zeigen, daß Himmel und Erde geschaffen sind, um – wie Jürgen Moltmann formuliert –

> »als das ›gemeinsame Haus‹ aller Geschöpfe zum ›Haus Gottes‹ zu werden, in welchem Gott bei seinen Geschöpfen ist und seine Geschöpfe ewig bei ihm leben können. Das wird biblisch mit dem Bild vom Tempel Gottes ausgedrückt … Die Vision der Neuschöpfung aller Dinge nach Offb 21,1-4 enthält mit dem Bild vom himmlischen Jerusalem die Vorstellung, daß am Ende die ganze Welt zum Tempel werden soll, in den die Herrlichkeit Gottes einziehen und ruhen kann«[35].

Als ich vor einigen Jahren für längere Zeit in Peru war, traf ich einen Indio, der zwar nicht lesen und schreiben konnte, der aber in hervorragender Prägnanz, auf – wie mir scheint – geradezu unübertreffbare Weise das Zentrum des christlichen Glaubens in das Wort brachte: »Dios es comunión – Gott ist Communio und deshalb müssen wir Menschen Communio werden!« In dieser knappen Aussage kommt tatsächlich das Entscheidende über den Sinn von Schöpfung und Geschichte und darin auch über den Sinn unseres Lebens zum Ausdruck: Wir Menschen sind geschaffen als Bild Gottes, ihm ähnlich. Aber diese Ähnlichkeit ist erst anfanghaft, keimhaft. Gerade dafür ist uns Zeit, die persönliche Lebenszeit und die »große« Geschichtszeit gegeben, daß wir das Bild Gottes, das wir anfanghaft sind, mehr und mehr in uns und unter uns ausprägen. Wenn nun aber der dreieine Gott Gemeinschaft ist, so folgt darau: Genau in dem Maß werden wir ihm ähnlicher, als wir mehr Gemeinschaft werden, als wir aus unserem Insel-Dasein, Narzißmus und Egoismus ausbrechen und communiale, gemeinschaftliche und gemeinschaftsfähige Menschen werden, die dem communialen, gemeinschaftlichen Gott entsprechen. Nur so können wir einmal für immer im Leben Gottes mitspielen.

Nimmt man diese Gesichtspunkte, unter denen wir bisher den Glauben an den drei-einen Gott in seiner Bedeutung für das Menschen- und Schöpfungsverständnis sowie für den Sinn und das Ziel der Geschichte entfaltet haben, zusammen, so zeigt sich: Der trinitarische Glaube ist die konkrete und auch denkerisch plausible Entfaltung des Satzes, daß Gott die Liebe ist, daß er in Liebe mit letzter Radikalität auf die Menschen zugegangen ist und daß Schöpfung wie Geschichte keinen anderen Sinn haben, als sie auszuweiten auf ein gemeinsames Leben der Liebe hin.

Darin dürfte auch der eigentliche »Knackpunkt« zwischen christlicher Religiosität und anderen Gottesvorstellungen liegen. Nicht etwa darin, daß im Bereich des christlichen Glaubens mehr Liebe verwirklicht würde als anderwärts, sondern darin, daß das Christentum gerade mit seinem trinitarischen Gottesbegriff Liebe als Inbegriff aller Wirklichkeit deutlicher, ja unüberbietbar deutlich zur Sprache, zur Erfahrung und damit dann freilich auch zur Entscheidung bringt.

## *Die Menschwerdung des trinitarischen Gottes*

Der Glaube an den drei-einen Gott wirft nicht nur ein Licht auf das Menschen- und Schöpfungsverständnis und das Ziel der Geschichte, erst recht klärt und vertieft er das, was das Christentum über die Menschwerdung Gottes und die Erlösung des Menschen, also über die Mitte des Glaubens bekennt.

Um das Gewicht der Menschwerdung recht einzuschätzen, ist noch einmal das in Erinnerung zu rufen, was bereits im Zusammenhang der Schöpfung kurz erörtert wurde: Von Anfang an steht sie mitten im Lebensraum des dreifaltigen Gottes. Sie ist nicht einfach das »Gegenüber« Gottes, von ihm durch einen Abgrund getrennt, sie nimmt immer schon teil am innertrinitarischen Lebensgefüge und Lebensaustausch, da sie geschaffen und geprägt ist vom *Wort Gottes* und erfüllt vom *Geist des göttlichen Lebens*. So betont auch der Johannes-Prolog, daß das Wort Gottes als »Licht und Leben« von Anfang an in der Finsternis leuchtet und immer schon »in die Welt kam«, die »sein Eigentum ist« (Joh 1,9ff)[36]. Und ganz selbstverständlich ist schon das Alte Testament davon überzeugt: »Der Geist des Herrn erfüllt das All« (Weish 1,7); durch ihn wird die Welt ständig neu am Leben erhalten[37]. Auf diese Weise sind also der Sohn (bzw. das Wort Gottes) und der Heilige Geist von vornherein die personalen Seins- und Lebensprinzipien der Schöpfung; Sohn und Geist sind in ihr ständig am Werk und tun sich machtvoll je und je in der Geschichte kund. Mithin ist der drei-eine Gott immer schon in der Welt, und die Welt ist in ihm.

Aber dabei bleibt es nicht. Inkarnation/Menschwerdung Gottes heißt mehr, viel mehr. Der trinitarische Gott ist nicht nur in der Welt wirksam, sondern er wird in Jesus Christus Mensch. Das heißt: der ewige Sohn tritt auf ganz neue Weise in die Schöpfung ein, indem er deren »Teil«, buchstäblich ein »Stück« Schöpfung wird; Gott selbst wird ein »Mitmensch« unter Mitmenschen: er nimmt unsere Geschichte als seine Geschichte an und teilt unser Geschick.

Dabei zielt die Menschwerdung nicht nur auf Belehrung, damit wir durch den Gottessohn nun endlich wissen, wer Gott ist und was dieser von uns verlangt; auch zielt Menschwerdung nicht allein auf Erlösung, damit wir freiwerden von der Macht der Sünde und des Todes. So zutreffend dies alles *auch* ist, es geht letztlich um viel Entscheidenderes: Es geht um die nicht mehr steigerbare, bleibende Kommunikation von Gott und Mensch. Der Schöpfer will sich selbst uns vorbehaltlos und unrücknehmbar in seinem Wort und seinem Geist schenken, auf daß wir in der Annahme der angebotenen Gottesfreundschaft »Söhne und Töchter im Sohn« werden und so das Ziel aller Schöpfung, das unüberbietbare, ewig-selige Mitspielen im Leben des trinitarischen Gottes erreichen.

In der Menschwerdung zeigt also der Wille Gottes zur Communio mit seiner Schöpfung seine radikale Zuspitzung. Denn zur nicht mehr steigerbaren Communio gehört, daß Gott auch die Distanz, die zwischen der eigenen Unendlichkeit und geschöpflichen Endlichkeit besteht, zwischen göttlichem Reichtum und kreatürlicher Armut, überwindet und dem Geschöpf sozusagen von gleich zu gleich begegnet.

Diese tiefste Sicht der Menschwerdung Gottes hat in großartiger Weise Sören Kierkegaard in der Geschichte von König und Bettelmädchen illustriert und damit gleichzeitig kommentiert. Die entscheidenden Passagen lauten hier:

> »Gesetzt, es wäre ein König, der ein Bettelmädchen liebte ... Sein Entschluß war leicht auszuführen; denn jeder Staatsmann fürchtete seinen Zorn und wagte es nicht, auch nur über das Geringste zu mäkeln, und jeder fremde Staat zitterte vor seiner Macht und hätte es nicht unterlassen dürfen, zur Vermählung Gesandte mit Glückwünschen zu schicken, und keiner von dem Gewürm bei Hofe wagte, aus dem Staube nach ihm zu stechen, auf daß ihm nicht sein eigenes Haupt zertreten werde ... Doch erwachte eine Besorgnis in des Königs Seele ... Einsam hegte er den Kummer in seinem Herzen, ob das Mädchen wohl durch die Hochzeit glücklich werde, ob sie den Freimut gewinnen möge, niemals daran zu denken, was der König schlechterdings vergessen wollte, daß *er* nämlich der König war, und *sie* ein Bettelmädchen gewesen«. Würde sie nicht heimlich an dieser Distanz leiden? »Was wäre da der Liebe Herrlichkeit! Da wäre sie ja glücklicher, wenn sie in ihrem Winkel geblieben wäre, geliebt von einem ihresgleichen, zufrieden in der armen Hütte, aber freien Sinns in ihrer Liebe, und frohgemut, spät und früh ...«.
>
> Was sollte der König also tun? Sollte er das Mädchen mit seiner Herrlichkeit faszinieren und in der Bewunderung königlicher Pracht und Hoheit das Mädchen seine Her-

kunft vergessen machen? »Ach, dies hätte vielleicht das Mädchen befriedigt; aber den König konnte es nicht befriedigen, er wollte nicht seine Verherrlichung, sondern die des Mädchens«.

Was also sollte der König tun? Sollte er das Bettelmädchen verändern, gleichsam »neu gebären«, »umzaubern«? »Aber die Liebe ändert nicht den Geliebten, sondern ändert sich selbst«.

Für Kierkegaard gibt es nur eine Möglichkeit, zwischen König und Bettelmädchen – im Klartext: zwischen Gott und Geschöpf – die Einheit wahrer Liebe zu schaffen, einer Liebe, welche den andern nicht erdrückt, sich nicht über ihn erhebt, seine Hoffnungen und Ängste, Freuden und Leiden wirklich teilt. Und diese Möglichkeit sieht so aus:

Ist die Einheit nicht zustande zu bringen »durch ein Emporsteigen, so muß es versucht werden mit einem Herniedersteigen ... Damit die Einheit zuwege gebracht werde, muß denn also der Gott diesem [dem Geschöpf] gleich sein. Und mithin wird er sich dem Geringsten gleich erzeigen. Aber der Geringste ist ja der, welcher andern dienstbar sein muß, mithin in des *Knechtes* Gestalt wird der Gott sich zeigen«. Diese Gestalt ist kein bloßer Umhang, »sondern ist seine wahre Gestalt; denn das ist der Liebe Unergründlichkeit, nicht zum Scherz, sondern im Ernst und in der Wahrheit, gleicher Art mit dem Geliebten zu werden ... Jede andere Art der Offenbarung wäre für die Liebe des Gottes ein Betrug«[38].

Weil also die Liebe Gottes so umfassend sein *will*, daß sie dem Menschen die Erfahrung ersparen möchte, von Gott für immer durch einen absondernden, trennenden Abgrund geschieden zu sein, nimmt Gott in der Person des Sohnes unsere Geschöpflichkeit wahrhaft und wirklich an und teilt unser armseliges Menschenschicksal.

Auch der *Heilige Geist* ist an der Inkarnation beteiligt. Als Bewegung des göttlichen Über-Hinaus (vgl. S. 37) ist er die eigentliche Dynamik, die die Menschwerdung ins Werk setzt. So heißt es ja bei der Verkündigung der Geburt Jesu an Maria durch Gabriel: »Der Heilige Geist wird über dich kommen und die Kraft des Höchsten wird dich überschatten« (Lk 1,35); und Josef wird gesagt: »Das Kind, das sie erwartet, ist vom Heiligen Geist« (Mt 1,20). Und weiter: Wie der Geist im göttlich-trinitarischen Leben Band und Garantie der Einheit ist, so verbindet er auf Erden den menschgewordenen Sohn unter allen Bedingungen mit dem Vater (auch da, wo am Kreuz jede Verbindung abgebrochen zu sein scheint). Gerade so ist er auch die Kraft der Auferstehung.

Der *Vater* ist an der Inkarnation dadurch beteiligt, daß er durch seine »zwei Hände« (wie der hl. Irenäus v. Lyon sagt) wirkt, durch seinen geliebten Sohn und durch den Geist seiner Liebe. Er gibt sie für uns hin und läßt sich durch sie in die Abgründe seiner Schöpfung hineinziehen. So ist er durch beide auch selbst in neuer Weise bei uns, mit uns und für uns und führt das Werk der Schöpfung zur Vollendung.

Wenn die Menschwerdung Gottes in letztem Ernst gemeint ist – und zur Liebe Gottes gehört dieser letzte Ernst -, dann wird Gottes Sohn so wirklich, wahrhaft und gänzlich Mensch, daß nichts von ihm sich aus diesem Menschsein »heraushält«, so als ob er seither zum »Teil« sein göttliches Leben als Mensch lebt und zum anderen »Teil« weiterhin das »innergöttliche«, ewig-selige Leben der Gottheit führt. Gottes Sohn nimmt unser Menschsein wahrhaft und wirklich an, nicht nur als »vorübergehende« Erscheinungsgestalt oder als »Teil« seines eigenen Wesens. Dann wäre die Menschwerdung ohne letzten Ernst, sie bliebe eine Episode gleich einer Theateraufführung, in der der Schauspieler zwar Shakespeares »König Lear« spielt, zugleich aber »weiß« – auch wenn das Wissen im Engagement des Spiels ganz zurücktreten kann -, daß er in Wirklichkeit, sagen wir, Werner Kraus heißt. Er behält seine eigentliche Identität auch »unter« der Maske des Königs Lear weiter, und die vorübergehende Spielidentität kann nach ein paar Stunden wieder abgelegt werden.

So wäre die Menschwerdung Gottes ganz und gar mißverstanden. Nein, in der Inkarnation »transponiert«, »übersetzt« Gottes Sohn sein göttliches Leben völlig in eine menschliche Geschichte: Er, der im innertrinitarischen Leben dem Vater und dem Geist gegenüber »ein anderer« – eben eine andere göttliche Person – ist, lebt nun sein innergöttliches Anderssein in der Weise eines Menschen. Wie er innertrinitarisch sein göttliches Leben im Austausch mit Vater und Heiligem Geist empfing und es ihnen zurückschenkte, so erhält er nun *als Mensch* von Vater und Geist sein Leben und gibt es ihnen *im kreatürlichen Gehorsam* zurück. Deshalb bedeutet die Menschwerdung für den Gottessohn eine »Modalität« seines ewigen Personseins selbst (H.U. v. Balthasar). Das heißt: Er ist nicht ewiger Gottessohn und dann *auch noch* unser Menschenbruder in der Zeit, sondern *als unser Menschenbruder* lebt er seit der Menschwerdung sein ewiges Gottsein in Zeit und Geschichte.

Entsprechendes ist auch vom Heiligen Geist zu sagen, der durch die Menschwerdung sein grenzensprengendes und vereinigendes Wirken so in die Welt hineinbindet, daß er sich hier mit dem Seufzen und Stöhnen der noch unvollendeten und nach Befreiung verlangenden Schöpfung vereinigt (siehe Röm 8,22f).

All das hat nun gewaltige Konsequenzen: *Seit der Menschwerdung Gottes gibt es keine Trinität mehr »in sich«, kein innergöttliches Leben, das sich unabhängig von Welt und Geschichte vollzieht, sondern nur noch »in ihr« und »mit ihr gemeinsam«.* Das innertrinitarische Leben geht – anschaulich gesagt – nicht mehr in himmlischen Höhen weiter; es blickt sozusagen nicht auf die geschichtlichen Ereignisse »herab« und greift nur vorsehend und gestaltend »von oben her« in sie ein (Dabei sind »in himmlischen Höhen«, »herab« und »von oben her« ohnehin ganz und gar unzutreffende, allenfalls nur partiell illustrierende Formulierungen, weil die Schöpfung ja immer schon *im* Leben des dreifaltigen Gottes *eingeborgen* und Gott immer schon *in ihr* am Werk ist). Durch die Menschwerdung Gottes werden nun das Leben von Schöpfer und Geschöpf in einzigartiger Weise und untrennbar miteinander verknüpft. *Wenn Gottes Sohn für immer wahrer Mensch ist und der Geist in die äußersten Abgründe der Schöpfung tritt und der Vater durch beide mit uns auf neue Weise verbunden ist, dann hat sich aus göttlicher Freiheit heraus das »bisherige« innertrinitarische Leben* (im theologischen Fachausdruck: die immanente Trinität) *ganz und gar und für alle Zeiten uns Geschöpfen geöffnet* (die immanente Trinität ist zur »ökonomischen« geworden). *Gott vollzieht seither sein eigenes, inneres Leben unter uns und mit uns Menschen, weil er sich in und durch den menschgewordenen Sohn und in und durch den die Welt erfüllenden Geist ganz und gar in die Schöpfung »hineinverwickelt« hat. Und wir sind als Glieder des Leibes Christi und erfüllt mit seinem Geist auf immer eingeborgen in das interpersonale Leben Gottes; wir stehen im intimen Austausch des göttlichen Lebens »mitten drin«.*

Damit ist das, was über Schöpfung und Trinität auf S.57 und 67 ausgeführt wurde, auf eine uns unausdenkbare Weise radikalisiert worden und steht vor uns als geradezu provozierende Anfrage. Denn nicht selten kann man den Eindruck gewinnen, daß auch Christen noch allzu sehr in der Aufklärungstradition stehen, die stark vom deistischen Gottesverständnis geprägt ist. Danach gibt es einen Gott; dieser schuf die Welt als das andere seiner selbst und kümmert sich um sie in dem Maße, wie es notwendig ist, um sie nicht dem Chaos zu überlassen (und zu diesem Sich-Kümmern Gottes zählt dann auch die Menschwerdung). Ansonsten aber führt Gott in seliger Transzendenz sein eigenes göttlichen Leben und läßt uns unser Leben führen. Gegen dieses Vorstellungsmodell opponiert der Trinitäts- und Inkarnationsglaube aufs schärfste. Gott ist nicht einfach der Gott über uns, sondern auch der Gott mit uns, unter uns, in uns. Und wir stehen mitten im Leben Gottes.

### *Erlöst durch Vater, Sohn und Heiligen Geist*

Der Prozeß der Communio-Werdung wurde durch die Sünde des Menschen gestört und unterbrochen. Denn Sünde ist – kurz und bündig gesagt – der genaue Gegensatz zur Wirklichkeit der Communio, die durch sie gerade ins Gegenteil verkehrt wird. Sünde ist ihrem Wesen nach nichts anderes als Vereinzelung und Isolierung, ein Sich-auf-sich-selbst-Zentrieren, Abbruch des Dialogs mit Gott und Störung gelingender Beziehungen mit dem Mitmenschen. Kurz: sie ist Verweigerung von vertikaler und horizontaler Communio.

Der Sünder will er selbst und nur er selbst sein. Er lehnt es ab, ex-zentrisch zu werden, d.h. sein Zentrum in der Gemeinschaft mit Gott und – damit verbunden – mit den Brüdern und Schwestern zu finden. Stattdessen sucht er Stand in sich selbst. Er krümmt gleichsam sein Herz in sich zusammen und verschließt es. Das Bild vom »cor incurvatum in seipsum«, vom »in sich verkrümmten Herzen« stammt von Augustinus und bringt auf treffende Weise das Wesen der Sünde zur Sprache. Wer in sich verkrümmt ist, vermag nicht mehr in die Weite des Wir zu blicken, er ist eingeigelt in die Enge des eigenen Ich, im erstickenden Kreisen um sich selbst. Indem der Sünder Beziehung verweigert und den Selbstbezug zum Grund seines Daseins macht, schaltet er sich vom Prozeß der Trinitarisierung aus.

Dabei ist die Sünde des einzelnen – aufgrund der Vernetzung alles Wirklichen – so mit der Geschichte aller verbunden, daß sie diese durch und durch infiziert. Das gilt besonders von der »Ursprungssünde« der Menschheit, die traditionell die mißverständliche Bezeichnung »Erbsünde« trägt. Als faktischen Beginn und bleibendes Vorzeichen der beginnenden Menschheit breitet sie sich ansteckend auf das Ganze der weiterlaufenden Geschichte aus; sie erfaßt als böse Macht die ganze communial strukturierte Schöpfung und treibt jeden einzelnen zur persönlichen Sünde, in welcher sie konkret, faßbar und anschaubar wird. So aber ist der Mensch nicht nur »Täter« der eigenen Sünde, sondern auch »Opfer« der Sünde anderer. Auf alle Ebenen des menschlichen Lebens, des individuellen wie des gesellschaftlichen, wirkt die Sünde desintegrierend ein; sie verunstaltet das Antlitz der von Gottes Schöpfungsplan her als

Communio gewollten Welt und erzeugt statt dessen Vereinzelung, Spaltung, Haß und Unfrieden.

Das Erlösungswerk Gottes zielt darauf ab, trotz sündhafter Verweigerung die Menschen neu zum Bund mit sich und untereinander zu bewegen. »Immer wieder hast du den Menschen deinen Bund angeboten«, heißt es im 4. Hochgebet der römischen Liturgie. In immer neuen heilsgeschichtlichen Anläufen, die uns im Alten Testament bezeugt werden, von denen analog aber auch die übrigen Menschheitsreligionen künden, schenkt Gott neue Communio und sucht, zu neuer Communio zu befähigen.

Diese geradezu »unverdrossenen« göttlichen Initiativen finden in der Menschwerdung des Gottessohnes, in Jesus Christus, ihren Höhe- und Zielpunkt. Denn er selbst ist *in Person* die Communio Gottes mit den Menschen, insofern er Gott und Mensch zugleich ist. Die theologische Tradition formulierte dies in ontologischer Redeweise so: In Jesus Christus sind die göttliche und menschliche Natur »unvermischt und ungetrennt« (d.h.: in bleibender Differenz und zugleich größerer Einheit) zusammengefügt. Wird dabei »Natur« in ihrem dynamischen Vollzug betrachtet, so läßt sich auch sagen: In Jesus Christus kommen die beiden gegenläufigen, zum »Bund« gehörenden Bewegungsrichtungen in einer Person zusammen: die gemeinschaftsuchende und gemeinschaftstiftende Bewegung Gottes zur Welt *und* die antwortende Bewegung der Welt zu Gott.

*Die Bewegung Gottes zur Welt:*
Herzstück des erlösenden Handelns Christi ist sein Einsatz für die Communio Gottes mit den Menschen und der Menschen untereinander. Er wurde vom Vater gesandt und ist in den Tod gegangen, »um die zerstreuten Kinder Gottes wieder zu sam-

meln« (Joh 11,52). Aber nicht erst sein Sterben, sondern sein gesamtes Leben steht unter dem Vorzeichen, Gemeinschaft zu stiften. So formuliert Alexandre Ganoczy: »Inhaltlich ... kann Communio all das decken, was das Ziel des Tuns Jesu selbst war. Denn es ist deutlich, daß das Heil, das Jesus verkündet und verwirklicht hat, völlig unter dem Zeichen der *Einheit* stand. Heil erfahren bedeutet im Evangelium immer: die einende Macht des kommenden Gottes erfahren«[39]. Und der Exeget Joachim Jeremias drückt dies pointiert so aus: »Der *einzige* Sinn der gesamten Wirksamkeit Jesu ist die Sammlung des endzeitlichen Gottesvolkes«[40].

Der erste Adressat des einheitsstiftenden Handelns Jesu ist das Volk Israel, das aus der äußeren und inneren Zerstreuung befreit und in Gott neu versammelt werden soll. Deshalb setzt Jesus sich für die Überwindung von Grenzen und Trennungen zwischen einzelnen Menschen, verschiedenen Gruppen und sozialen Schichten ein. Durch die Solidarisierung mit den Sündern, Abgeschriebenen und Randexistenzen zeigt er, daß er Ausgrenzungen und Abgrenzungen überwinden und alle zur Gemeinschaft mit sich und untereinander zusammenführen will – zu seiner großen »Familie«, in der es nicht zugehen soll wie sonst in der Welt, wo es Herren und Beherrschte, Große und Erniedrigte gibt. »Vielmehr: wer bei euch groß sein will, soll euer Diener sein; wer bei euch der erste sein will, soll euer aller Sklave sein« (Mk 10,43f).

Auch die Wunderzeichen Jesu weisen auf das Ziel der Einheit hin. Auffällig ist ja, daß das Neue Testament besonders die Heilung von Aussätzigen sowie von Tauben, Blinden und Stummen hervorhebt. Nun waren Aussätzige aufgrund ihrer Krankheit die Isoliertesten und Verlassensten aller Menschen, ausgestoßen aus jedem gesellschaftlichen Kontakt. Indem Jesus sie heilt, können sie wieder Beziehungen aufnehmen und in die Gemeinschaft mit anderen zurückkehren[41].

Ähnliches gilt von den anderen Heilungswundern: Ohren, Augen, Stimme sind dem Menschen gegeben zur Kommunikation, sind Mittel der Kommunikation. Durch deren Heilung gibt er den Tauben, Blinden, Stummen wieder die Möglichkeit, neu in den mitmenschlichen Austausch, in ein heiles Zusammenleben mit anderen einzutreten. Auch die oft berichteten Erzählungen über dämonische Besessenheit bringen »ein allgemeines soziales Problem zum Ausdruck: den Abbruch zwischenmenschlicher Kommunikation, eine tiefe Entfremdung in den sozialen Beziehungen«[42]. Nicht selten ist der Besessene stumm, oder er spricht die Sprache des Bösen, die sich seiner bemächtigt hat. Dämonenaustreibung bedeutet somit Befreiung aus Isolierung, Neuermöglichung von sozialen Beziehungen, Wiederherstellung zwischenmenschlicher Kommunikation.

Doch wesentlicher und grundlegender noch ist die Gemeinschaft mit Gott, die durch Jesus Christus neu dem Menschen angeboten wird. Der Angesprochene muß »nur« glauben, d.h. von den selbstfabrizierten Götzen lassen und auf die neue und endgültige Initiative des bundeswilligen Gottes eingehen. Da aber die angesprochenen Menschen in ihrer – für die ganze Menschheit stehenden – repräsentativen Mehrheit weiter beim »Nein« verbleiben, bietet Gott das Äußerste seiner Liebe auf. Gottes Sohn geht ans Kreuz.

Von Gott her[43] ist das Kreuz das radikalste Zeichen dafür, daß er das Angebot seiner Liebe auch an eine sich ihm verweigernde Welt durchhält und sich eher kreuzigen läßt, als den Willen zur Gemeinschaft mit ihr zurückzuziehen. Es zeigt also: sein Ja ist stärker als das menschliche Nein. Denn da die Welt stellvertretend durch die, welche Christus kreuzigen, das radikalste »Nein« gegen das endgültige »Ja« Gottes spricht, zeigt sich im Kreuz zunächst einmal das Äußerste an Abgrund zwischen Gott und Schöpfung. Indem der Sohn Gottes aber diesen »Abgrund« sozusagen in sein eigenes Herz schließt, ereignet sich im Kreuz das Äußerste des göttlichen Willens zur Communio mit den Menschen. Im Kreuz spitzt sich ein charakteristisches Merkmal zu, welches das Christusgeschehen als ganzes prägt: die Entäußerung (Kenose) Gottes in die Abgründe der Welt hinein. Gottes Sohn wurde nicht nur Mensch, sondern er nahm – wie Paulus sagt – »Sklavengestalt« an (Phil 2,7), d.h. die Gestalt von jemandem, der unter der Knechtschaft der Sünde, der Verlorenheit und des Todes sein wahres Leben eingebüßt hat. Er tat dies, um eben so seine Liebe im Raum der Nicht-Liebe aufzurichten. Die radikale »Abwärtsbewegung« des Gottessohnes trägt dabei die Züge einer nicht zu überbietenden Paradoxie: Der unendlich Reiche geht ein in die Armut der Schöpfung, die göttliche Herrlichkeitsgestalt nimmt die Form äußerster Ohnmacht und Niedrigkeit an (vgl. 2 Kor 8,9), Gott selbst geht ein in das Leiden der Schöpfung, er wird zum *leidenden Gott.*

Dies ist eine Einsicht, die sich in der neueren Theologie immer mehr Bahn gebrochen hat. Bis zum 20. Jahrhundert dachte man meist völlig anders. Ganz auf der Linie des antiken Grundsatzes, den bereits Homer so formulierte:

> »Dieses haben die Götter über sterbliches Dasein:
> Leben in Leid;
> doch sie sind unbekümmert und leidlos«[44],

ging man von der absoluten Leidensunfähigkeit Gottes aus. Leiden wurde als eine Unvollkommenheit betrachtet, die dem absolut vollkommenen Gott infolgedessen abgesprochen werden mußte. Doch dieses Argument gilt nur in der Perspektive ontisch-dinghaften Denkens, »in der Ordnung der Liebe ist es anders: Hier ist Leiden geradezu das ›Siegel der Vollkommenheit‹«[45]. Wieso? Der Dichter Gottfried v. Straßburg sagt es eindringlich:

»Wem nie geschah von Liebe Leid,
dem geschah auch Lieb von Liebe nie.
Liebe und Leid,
wann ließen die im Lieben je sich scheiden«[46]?

Gilt dies aber nicht ausschließlich von menschlicher Liebe? Ist Gottes Liebe nicht völlig anders, *muß* sie nicht anders sein, damit Gott Gott bleibt? Dagegen ist jedoch einzuwenden, daß es zu jedweder Art von Liebe gehört, sich dem Partner anzugleichen, sein Leben zu teilen, sein Geschick mitzuvollziehen. Wenn Gott also in unergründlicher Freiheit den Menschen liebt, ja *bis zum letzten* liebt, gehört das leidvolle Betroffensein vom Geliebten zur unausweichlichen Konsequenz solcher Liebe. Ein leidensunfähiger Gott wäre ein der Liebe zum Menschen unfähiger Gott. Damit ist aber auch schon die einzigartige Weise des göttlichen Leidens angesprochen: Während menschliches Leiden meist unfreiwilliges, von außen kommendes Widerfahrnis ist, zeigt sich das Leiden Gottes – weil es in der Unergründlichkeit seiner *Freiheit* gründet – als ein *in* der Liebe zum Geschöpf frei übernommenes Leiden, als Leiden der Liebe und Leiden an der Liebe.

Dabei ist es keineswegs so, daß Gott schlechthin ins Leiden versinkt und uns deshalb dann auch nicht mehr zu retten vermag, wie Karl Rahner gelegentlich gegen diese Konzeption einwarf. Vielmehr ist das Eintauchen ins Leiden für die drei göttlichen Personen unterschiedlich: Es ist der *Sohn*, der als

Menschgewordener radikal in unser menschliches Leid verwickelt ist, ja darin geradezu untertaucht, um der Welt die ganz und gar unausdenkbare Liebe Gottes zu erweisen; es ist der *Geist*, der sich mit dem Leiden der Schöpfung vereint, zugleich aber in der äußersten Verlassenheit Jesu am Kreuz die Verbindung mit dem Vater erhält und so zum »Geist der Auferstehung« wird; und es ist der *Vater*, der am Sohn und mit dem Sohn leidet, aber so, daß er selbst als Nichtmenschgewordener – zwar nicht in *unberührter* Seligkeit, aber doch – als »Vater voller Macht«, wie er in den liturgischen Hymnen angesprochen wird, das Leiden der Schöpfung trägt und zu einem guten Ende führt. Es wird also Gott nicht derart in das Leiden hineingezogen, daß ihm das eigene und das geschöpfliche Sein aus der Hand gleitet. Das Leiden der Trinität wird getragen vom Vater, der durch seine beiden »Hände« seine Liebe in der Welt offenbar macht.

So ist in der radikalen Bewegung »von oben nach unten« der Gekreuzigte die äußerste und radikalste Offenbarung der Liebe des bundeswilligen Gottes an die verlorene Menschheit. Er stiftet als Gesandter Gottes neu Gemeinschaft zwischen Schöpfer und Geschöpf und führt damit die Geschichte ihrem Ziel zu: der vollendeten Communio oder – in der Sprache Jesu – dem »Reich Gottes«.

*Die Bewegung der Welt zu Gott:*
Jesus tritt nicht nur als Gottgesandter auf, sondern ist auch unser Menschenbruder, mehr noch: als solcher ist er der exemplarische Mensch, der die ganze Menschheit in sein Verhältnis zum Vater hineinnimmt und zum Vater führt; er ruft zum Glauben und stellt sich selbst als »Anführer und Vollender« unseres

Glaubens vor (Hebr 12,2), d.h. als derjenige, an dem unser Glaube Maß zu nehmen hat, von dem er getragen wird und in dem er sein Ziel findet. Da aber die angesprochenen Menschen sich ihm und seiner Botschaft und damit dem ihn sendenden Vater verweigern, läßt er sich auch dazu in den Dienst nehmen, die angebotene Versöhnung Gottes in stellvertretender Sühne am Kreuz zu beantworten.

»Stellvertretende Sühne«! Beide Glieder dieses Begriffes sind heute in gleicher Weise mißverständlich.

Beginnen wir mit der Erörterung dessen, was Sühne bedeutet. Viele Zeitgenossen verbinden mit Sühne – vor allem im Blick auf die blutigen Opfern nicht weniger Religionen und geleitet durch ein falsches Verständnis vom Kreuzestod Christi – ein unerträgliches, geradezu dämonisches Gottesbild. Es ist das Bild eines Gottes, der – in seiner Ehre gekränkt – zürnt und straft oder aus Rachedurst Sühne und Buße verlangt, um – wer weiß! – sich dann doch vielleicht umstimmen zu lassen und sich neu dem Menschen zuzuwenden. Nun läßt sich nicht leugnen, daß es in der Geschichte des Christentums bis heute Rede- und Verstehensweisen des Todes Jesu gibt, die Gott in ein unheimliches Licht rücken. Doch hat all dies wenig oder gar nichts mit der authentischen Botschaft des christlichen Glaubens zu tun.

Nach biblischem Sühneverständnis ist es nicht der Mensch, der aus der Not seiner Gottesferne und -feindschaft damit beginnt, Gott zu ver-sühnen und ihm Sühneopfer oder andere Sühneleistungen anzubieten, sondern er *erbittet* von Gott Sühne, d.h. Ver-Sühnung, Umkehrmöglichkeit, Neuanfang. Gott muß Sühne *schenken.* Er selbst ist es, »der sich mit uns durch Christus versöhnt« (2 Kor 5,18); er erweist uns seine Liebe, »da wir noch Sünder, Feinde waren« (Röm 5,8.10), da wir ihm also von uns aus nichts geben oder vor ihm nichts leisten konnten. Und gerade im entscheidendsten paulinischen Text über den Sühnetod Jesu (Röm 3,24f) wird immer wieder neu gesagt, daß wir »umsonst«, »durch Gnade«, und nicht durch eigene Werke und Leistungen, auch nicht durch Sühneleistungen, erlöst werden. Mithin beginnt das Versöhnungsgeschehen mit Gott selbst, aber er schenkt dem Menschen gerade dadurch Versöhnung, daß er ihn befähigt, mithandelndes Subjekt in diesem Geschehen zu sein, und zwar durch Sühne.

Vom Menschen her besteht dieses Sühnendürfen darin, daß er die von Gott geschenkte Möglichkeit und Befähigung aufgreift, um sich an der Überwindung und »Abarbeitung« des von ihm angerichteten Bösen zu beteiligen. Nur so und nur dann ist Erlösung eine »communiale«, bundesgemäße Wirklichkeit. Natürlich könnte – abstrakt gesprochen – Gott dem Sünder, welcher Communio verweigert, neue Communio einfach aufdrängen, aufzwingen; er könnte die Ablehnung von Communio ganz einfach »vergessen« und den verlorenen Menschen »umzaubern«. Doch dann wäre der Mensch nur willenloser Gegenstand göttlichen Handelns. Gott würde zwar Befreiung vom Bösen gewähren, sich dabei aber über den »Bund«, die Communio, das Miteinander hinwegsetzen. »Wenn Gott« – so Karl-Heinz Menke – »den Sünder nicht entmündigen, ersetzen oder vernichten, sondern zu sich befreien will, kann er nur *mit ihm* ... handeln«[47]. Deshalb muß auch vom Menschen her die Sünde überwunden und müssen deren Folgen beseitigt werden. So schreibt bereits Anselm v. Canterbury, daß, »wenn die Menschheit sich nach dem Fall wieder erhebt, sie sich aus sich heraus erheben und aufrichten muß«[48]. Sonst würde die ursprüngliche Würde des Menschen nicht wiederhergestellt. Deshalb ist also vom Menschen her ein Mittun in der Form der Sühne erforderlich. Worin besteht sie?

Zunächst einmal gehört zur Sühne die Anerkennung des angerichteten Bösen, das Aussprechen der Schuld, das Aufdecken des eigenen bösen Herzens. Ohne dies kann es keinen neuen Anfang geben.

Ein Zweites kommt hinzu: Es gehört offenbar zum Wesen des Bösen, daß es »fortzeugend immer Böses muß gebären« (Friedrich Schiller), daß es aus sich heraus keinen Halt macht, sondern sich unablässig fortsetzt, ja steigert und mit ungeheuerer Dynamik alles zu erfassen sucht. Dieser Prozeß wird nur dann unterbrochen, wenn man der aggressiven Dynamik des Bösen standhält und dessen »Fortzeugen« unterbricht. Dies geschieht da, wo man nicht zurückschlägt, wenn man als immanente Folge des eigenen sündigen Tuns oder Verhaltens Böses und Widriges erfährt; wo man die durch die Sünde eingetretene innere Isolierung durchleidet, sich aber dadurch nicht nur noch intensiver auf sich selbst zurückzieht, sondern zu neuem Vertrauen und neuer Liebe bereit ist; wo man die schuldhaft entstandene Beeinträchtigung oder gar den Verlust guten Lebens hinnimmt, ohne sich durch neues böses Tun schadlos zu halten. Kurz: der Kreislauf des Bösen wird dort unterbrochen, wo die Sündenfolgen in Liebe und aus Liebe durchlitten werden, ohne neues Leiden zu bereiten.

Und ein Drittes gehört zur Sühne: die Bereitschaft, neu anzufangen, ein neues Ja zur Gemeinschaft zu sprechen, der man durch das Nein der Sünde geschadet hat oder die man gar zerstört hat.

Wo Sühne in diesen drei Dimensionen geschieht, wo der Sünder seine Schuld bekennt und anerkennt sowie im bewußten Durchleiden der Sündenfolgen den Kreislauf des Bösen unterbricht und ein neues, gehorsames Ja zur Liebe Gottes spricht, da wird der von Gott ermöglichte Part des Menschen in der Tilgung der Sünde übernommen, da wird »gesühnt«. Denn auf diese Weise wird das *Wesen* der Sühne realisiert, auch wenn Sühne sich in vielen Religionen darüber hinaus auch noch in einem oft blutigen Opferritual ausdrückt. Aber nicht das Ritual ist die Sühne, sondern die sich darin öffentlich und so auch verbindlich ausdrückende Gesinnung. Ihrem Wesen nach ist Sühne – so Norbert Hoffmann – »die spiegelbildliche Umwendung der Sünde als Verletzung von Bund«; sie ist »die kraft der Liebe in ihren Gegensatz umgelittene Sünde«[49]. War die Sünde ein Nein gegen die Communio mit Gott und dem Nächsten und verleiblichte sich dieses Nein in einer der abertausend konkreten Variationen des Bösen in der Welt, so bedeutet Sühne ein neues Ja zu Gott, das sich gleichfalls zu verleiblichen hat in einer der unendlich vielfältigen Weisen konkreter Liebe.

Da nun die Menschheit zu solcher »Sühne« und damit zu einem von Gott initiierten Neuanfang nicht bereit ist, übernimmt Jesus Christus als unser Menschenbruder gewissermaßen unseren Part.

Solche Stellvertretung – und damit kommen wir zum zweiten mißverständlichen Begriff – ist möglich auf Grund der bereits auf S. 49ff skizzierten communialen Struktur des Menschseins. Weil Person wesenhaft durch Beziehung bestimmt ist, kann sie auch durch andere, mit denen sie in konstitutiven Beziehungen steht, vertreten, was nicht heißt: ersetzt werden. Ersetzt werden kann man in dem, was man sachhaft tut: in seinem »Job«, in bestimmten Funktionen, die man zu absolvieren hat. Wenn es da einen »Ersatzmann« (oder eine Ersatzfrau) gibt, fällt man selbst aus, fällt heraus, wird nicht mehr in Rechnung gestellt. Wer dagegen vertreten wird, gehört dazu und nimmt lebendigen Anteil am Tun des Stellvertreters: entweder ist er durch den Stellvertreter eingeladen, *erstmals*, sobald er selbst dazu fähig ist, an die Stelle, an der er »vorläufig« vertreten wird, zu gelangen oder aber, sobald wie möglich, dorthin, wo er schon einmal stand, *zurück*zukehren. In jedem Fall ist die Möglichkeit von Stellvertretung wesenhaft eine Größe im Netzwerk personaler Beziehungen, eine Konsequenz der communialen Struktur der Schöpfung.

Da Jesus Christus – auf Grund des Geistes, der von ihm aus auch auf uns überströmt und uns mit ihm vereinigt – mit uns allen in personaler Beziehung steht, kann er uns auch vor Gott vertreten und stellvertretend für uns das Werk der Sühne, der personalen Aufarbeitung des Bösen tun. Er tritt in das Geflecht unserer menschlichen Schuld ein und nimmt deren Konsequenzen auf sich: Lieblosigkeit und Haß, Einsamkeit und Ohnmacht, Angst und Aggression, Gottesferne und Tod. Als das »Lamm Gottes«, das sich mit der Sünde der Welt beladen läßt, trägt er »unsere Sünden an seinem Leib selbst auf das Holz (des Kreuzes) hinauf« (1 Petr 2,24). Er deckt sie damit öffentlich als Sünde auf und erkennt sie als Sünde an. »Seht, das ist der Sünder-Mensch!« (»Ecce homo«). In der übermächtigen Erfahrung des Gemeinen, Destruktiven und Tödlichen hält er dem Bösen leidend stand und unterbricht so den Kreislauf des Bösen, ohne neues Böses zu schaffen. Fürbittend spricht er für uns ein neues Ja zur Communio mit Gott und untereinander. So wird die durch die Sünde zerbrochene Communio Gottes neu instand gesetzt. Nicht von ungefähr steht dafür die Gestalt des Kreuzes auch als Symbol; es ist das Zeichen für die Einheit der Grunddimensionen der Wirklichkeit: oben-unten, rechtslinks (Gott-Mensch, Mensch-Mensch).

Da im Kreuzesgeschehen allumfassende Communio wiederhergestellt wird, ist das Kreuz *der Sache nach* der eigentliche »Ort« der Auferstehung. Dies wird auch durch folgende Überlegung bestätigt: Wenn Leben und Sterben Jesu Christi die äußerste Offenbarung des drei-einen Gottes ist, kann der Tod nicht den totalen Abbruch der Beziehung zwischen Vater und menschgewordenem Sohn herbeiführen. Gleich als ob erst vom Nullpunkt der Vernichtung aus, in einem zweiten, neuen Akt Gottes, die Auferweckung aus dem Tod erfolgen müßte. Dem steht das Wirken des Heiligen Geistes entgegen. Das ewige trinitarische Geschehen, in welchem Vater und Sohn sich gegenseitig den Geist schenken und in ihm miteinander verbunden sind, »konkretisiert« sich am Kreuze so, daß im Todesschrei der menschgewordene Sohn seinen Geist, den Träger des Lebens, in die Hand des Vaters zurücklegt. »In deine Hände lege ich meinen Geist« (Lk 23,46). Und diesen vertrauenden Gehorsam des Sohnes beantwortet der Vater *im Augenblick des Todes*, da alle Beziehungen abgebrochen werden, mit der »Gegen-Gabe« des »Geistes der Auferstehung«. So geschieht Rettung aus der Gewalt des Todes und Eröffnung neuen Lebens in der Herrlichkeit Gottes. Weil man dies aber dem Kreuz nicht »ansieht«, weil – allgemeiner gesprochen – zu einem »Ereignis« gehört, daß es zum »Er-äugnis« wird, d.h. daß es wahrgenommen wird, muß die Auferstehung durch *nachfolgende* Zeichen (z.B. durch »Erscheinungen« des Auferstandenen, Auffinden des »leeren Grabes«) allererst kundgemacht werden.[50]

Auch für das Johannesevangelium ist das Kreuz der »Ort« der Auferstehung. Denn hier wird der Heilige Geist, der Geist des Lebens, für uns neu entbunden. Im Augenblick des Todes – so heißt es – »gab er (Jesus) den Geist hin« (Joh 19,31); und aus seinem durchbohrten Herzen entströmen Blut und Wasser: die biblischen Symbole für geistgewirktes Lebens. So bleibt das, was am Kreuz durch Jesus Christus geschehen ist: das Nein zur Gemeinschaft zerstörenden Sünde, das neue Ja zur Communio und der Empfang des Auferstehungslebens nicht auf ihn beschränkt, sondern weitet sich durch den Heiligen Geist auf uns alle aus. Dadurch wird der Auferstandene zum »neuen Adam« (1 Kor 15; Röm 5), zum Anfang einer neuen Menschheit, die ihrer schöpfungsmäßigen communialen, trinitarischen Bestimmung entspricht.

Das Erlösungsgeschehen ist mithin nur verstehbar, wenn man es nicht als das Werk eines »einsamen«, monarchischen, sondern des dreipersönlichen Gottes sieht, der auf dreifach spezifische Weise dem Menschen Anteil an jener Gemeinschaft des Lebens gibt, die er selbst ist:

– Der *Vater* ist Ursprung, Grund und Ziel aller Communio, er sendet den Sohn und den Heiligen Geist, um den verlorenen Menschen aufs neue in sein Leben zu ziehen.

– *Jesus Christus,* der »Mittler« handelt gleichsam in zwei Richtungen: (1) als »Sohn« und »Wort« des Vaters – also gewissermaßen »von oben« – teilt er uns endgültig und radikal die Liebe Gottes mit, (2) als unser »Bruder« und »Stellvertreter« spricht er – sozusagen »von unten« – sein (sühnendes) Ja für uns zum Vater. Dadurch knüpft er die Menschen unlösbar zur Einheit mit Gott und untereinander zusammen und richtet das definitive Leitbild für wahrhaft gelingendes Menschsein auf.

– Der *Heilige Geist* erwirkt durch seine Gegenwart in der Welt jene innere Entsprechung und Befähigung (das »neue Herz«), welche die »äußere« Gestalt Christi und seine »äußere« Einladung zur Communio zur inneren Lebensform des Glaubenden macht im Sinne des Paulus-Wortes: »Nicht mehr ich lebe, sondern Christus lebt in mir« (Gal 1,20). Der Geist drängt dazu, sich durch Glauben und Nachfolge den Weg Jesu persönlich zu eigen zu machen, also an die »Stelle« des Stellvertreters zu gehen, sowie – selbst unter Anfechtungen und Bedrängnissen – in Geduld und Hoffnung die Vollendung der Erlösung zu erwarten.

Was der drei-eine Gott so in der unableitbar freien Initiative seiner Liebe getan hat und tut, kann und muß vom Menschen angeeignet und »realisiert« werden. Dies geschieht nachösterlich in der Kirche, in der Sammlung der Jünger Jesu; von ihr aus soll die ganze Welt zur Einheit gebracht werden – zur Einheit mit Gott und untereinander.

### *Kirche als »Ikone« der Trinität*

»Alle sollen eins sein« – lautet das letzte Vermächtnis Jesu – »wie du, Vater, in mir bist und ich in dir bin« (Joh 17,21). Das heißt – so interpretierten wir bereits auf S. 63 – die Communio, in der der dreifaltige Gott existiert, soll in der durch Christus erlösten Jüngerschaft ausgeprägt und durch sie universal ausgeweitet werden. Deshalb wird sie ausgesandt, um die ganze Welt aus ihrer sündigen Zerspaltung heraus- und in die eigene Communio mit Gott und untereinander hineinzuführen. Eben das ist Kirche. Sie, die selbst durch das Wirken des Pfingstgeistes entstand, der die vielen verschiedenen, die Menschen voneinander trennenden Sprachen zum Einklang und Verstehen gebracht hat, sie soll hinfort – wie das II. Vatikanische Konzil sagt – »gleichsam Sakrament, das heißt Zeichen und Werkzeug für die innigste Vereinigung mit Gott wie für die Einheit der ganzen Menschheit« sein (LG 1). In ihr und durch sie soll jene Communio und Communicatio verwirklicht werden, zu der alle Menschen gerufen sind.

Die Kirche, die mithin »Zeichen und Werkzeug« für das Ziel aller Schöpfung, die Trinitarisierung der Wirklichkeit, ist, stellt sich nun selbst in ganz besonderer Weise als Bild der Trinität dar. Und sie ist nur dann wahrhaft Kirche, wenn sie sich darum müht, dieses ihr trinitarisches Bildsein mehr und mehr zu verwirklichen.

In einem wichtigen Dokument der sog. Dialogkommission der römisch-katholischen Kirche und der orthodoxen Kirchen steht der Satz: »Die Kirche macht kund, was sie ist: das Geheimnis der trinitarischen Koinonia [=Communio]«. Dieses Wort, wonach die Kirche die eigentliche Kundgabe und das wahre Bild der Trinität ist, hat eine lange Geschichte. Schon bei Cyprian († 258) findet sich die Aussage, daß die Kirche »das von der Einheit des Vaters, des Sohnes und des Heiligen Geistes her geeinte Volk Gottes ist«, ein Wort, das vom II. Vatikanischen Konzil aufgegriffen wurde (LG 4). Schon vorher hatte Tertullian (ca. 150 – 220) geschrieben: »Wo drei, der Vater, der Sohn und der Geist sind, ist auch die Kirche ..., welche den Leib der drei bildet«[51]. Welch unerhörtes Bild! Die Kirche – der »Leib«, also die »Ausdrucksgestalt« des dreifaltigen Gottes. Auf dieser Linie heißt es auch im Ökumenismusdekret des II. Vatikanums: »Das höchste Vorbild und Urbild der Kirche ist ... die Einheit des einen Gottes, des Vaters und des Sohnes im Heiligen Geist in der Dreiheit der Personen« (UR 2). Dadurch daß in der Überschrift dieses Abschnitts das Wort »Ikone« (der Trinität) verwendet wurde, sollen die verschiedenen Dimensionen dieses Sachverhalts zusammengefaßt werden. Denn nach ostkirchlichem Verständnis ist eine Ikone nicht nur Abbild eines Vorbilds, sondern auch dessen Vergegenwärtigung und Wirkraum. So meint der Ausdruck »Ikone der Trinität«: Die Kirche ist – als das Volk Gottes des Vaters, der durch Christus und den Heiligen Geist Menschen zu seinem Volk versammelt – Bild, aber auch »Leib«, Raum und Frucht trinitarischen Wirkens.

Diese Feststellung ist zunächst einmal eine *idealtypische.* Und das sollte auch für die folgenden Ausführungen nicht vergessen werden. Es geht hier vor allem um die Darlegung dessen, was die Kirche von Gott her sein darf, was sie zu sein hat und woran sie zu messen ist. *In Wirklichkeit,* in ihrem faktischen Dasein aber ist die Kirche ein – wie Augustinus sagt – »corpus permixtum« – »eine höchst gemischte Gesellschaft«. Sie ist nicht nur Bild des drei-einen Gottes, sondern immer auch dessen Zerrbild, ja Gegenbild. Aber gerade deshalb bedarf sie auch eines Vor-Bildes, an dem sie sich auszurichten, zu normieren und korrigieren zu lassen hat. Und eben dieses Urbild ist der drei-eine Gott. Sehen wir genauer zu.

*Der Vater* ist es, der die Menschen zu seinen Söhnen und Töchtern machen möchte und sie deshalb zur Einheit mit sich und untereinander zusammenfügt. In diesem Werk haben Christus und der Heilige Geist zwei verschiedene Funktionen.

*Jesus Christus,* als göttlicher Sohn das »Gegenüber« des Vaters, wird in dessen Vollmacht und Autorität in das »Gegenüber« zu den Menschen gesandt, um ihnen die Nähe und Liebe, Weisung und Verheißung Gottes zu bringen. Von ihm her erhält darum die Kirche Grund und Gestalt, Orientierung und Norm. Sie wird also in der »forma Christi« zur Einheit zusammengeführt, d.h. sie wird eins, indem ihr die Gestalt Christi, sein Vorbild, seine Weisungen, seine Verheißungen eingeprägt werden. So gesehen ist die Kirche »creatura Verbi« – »Geschöpf des göttlichen Wortes«, wie Martin Luther sie definiert. Als geliebtes »Gegenüber«, für das Christus sein Leben hingab, ist sie – im biblischen Bild gesprochen – seine »Braut«, an der er in unwandelbarer Treue festhält und die sich ihrerseits der Kreuzeshingabe ihres Herrn verdankt.

*Der Heilige Geist* ist dagegen in seinem Wirken nicht gekennzeichnet durch das Stichwort »Gegenüber«, sondern durch »Vereinigung«, »In-Sein«. Vom Geist her wird darum das charakteristische Element der Sendung Christi: die ihm von Vater verliehene Vollmacht und Autorität, mit der er den Menschen *gegenüber*tritt, in eine größere Einheit »aufgehoben« (ohne daß deshalb das ständige Voraus und Gegenüber Christi verschwindet): Christi Wort und Wirken werden durch den Geist so verinnerlicht, daß Christi Wort und die glaubende Antwort des Menschen, Christi anordnende Weisung und die spontan-willige Fügsamkeit des Menschen sich zur vollen Einheit zusammenfügen. So kann dann der Glaubende sagen: »Nicht mehr ich lebe, sondern Christus lebt in mir« (Gal 2,20) und die Kirche darf sich verstehen als »die Fülle dessen, der alles erfüllt« (Eph 1,23). Im Blick auf den Geist ist die Kirche darum dessen »Tempel«; sie ist der »Leib«, der die Präsenz von Sohn und Geist *in sich* bergen darf.

So also ist die Kirche *christologisch*, d.h. von Christus und seiner Sendung her gesehen – im biblischen Bild -«Braut Christi«, sein geliebtes »Gegenüber«, das sich dessen Gestalt hat einprägen lassen, *pneumatologisch* aber, d.h. im Blick auf das einheitswirkende Schaffen des Geistes betrachtet, ist sie »Leib Christi«, die seine Herrlichkeit gleichsam von innen her ausstrahlt und Christus in seiner vollendeten Gestalt darstellt (vgl. Eph 4,13; 2 Kor. 3,18).

Insofern der Heilige Geist jene göttliche Person ist, die Einheit erwirkt *und* das göttliche Leben überströmen läßt, ist er für die Kirche das »Prinzip«, das sowohl eint wie auch (um der Fülle und Vielfalt willen) unterscheidet (genauer noch: das unterscheidet, um zu einen – das eint, um zu unterscheiden). Gerade so ist der Geist das Prinzip der unterschiedlichen Begabungen und Berufungen der verschiedenen Glieder des einen Leibes, deren persönliche Unmittelbarkeit zu Gott er verbürgt. Dieses Wirken des Geistes ist für das Christ- und Kirchesein unabdingbar.

Machen wir einmal ein Gedankenexperiment. Stellen wir uns vor, es gäbe nur Gott Vater und Jesus Christus, nicht den Heiligen Geist. Dann würde Kirchesein darin bestehen, daß ein jeder, insofern er ja durch die Taufe die »forma Christi« eingeprägt bekam und zur Nachfolge berufen wurde, auf möglichst exakte Weise die Gestalt Christi nachahmt, imitiert. Der perfekte Christ wäre dann derjenige, der die perfekte Kopie Christi ist; modern gesprochen: der perfekte Christ wäre der »geklonte Christus«; und Kirche wäre dann am vollkommensten, wenn sie eine Gemeinschaft von Menschen wäre, die ihre Identität darin besäße, möglichst uniformiert, in ganz gleicher Weise Christus nachzuahmen. Genau diese schreckliche Konsequenz wird durch den Heiligen Geist und dessen Wirken verhindert. Er ist die Garantie dafür, daß die Einheit des Gottes Volkes sich gerade nicht uniformistisch, sondern in der Vielfalt unterschiedlichster Formen und Begabungen (Charismen) vollzieht und daß sich diese Vielfalt des Unterschiedlichen im gegenseitigen Austausch zur Einheit zusammenfügt. Denn eben das ist ja – wie wir sahen – trinitarische Einheit: nicht Uniformität, aber auch nicht Addition und Summe von Differenten, sondern das Miteinander und Füreinanderdasein unterschiedlicher Personen. Communio vollzieht sich als »perichoretische Einheit« (vgl. S.29, 32), d.h. als eine Gemeinschaft, in der jeder teilhat am Besonders-Sein des andern.

Deshalb sollten auch alle Unterschiede in der Kirche (ob man nun Amtsträger oder Laie, Ordens- oder Weltchrist, Verehelichter oder Eheloser, ein zu Kontemplation oder Aktion Berufener ist) nicht als etwas exklusiv Unterscheidendes, ja Trennendes gesehen werden, das die einzelnen als ihre »höchstpersönliche« Berufung, ihr besonderes Privileg, ihre spezifische Machtbefugnis betrachten und dafür Respektierung seitens der »anderen« einfordern und gegebenenfalls darum kämpfen. Vielmehr sind alle unterschiedlichen Begabungen, Funktionen und Stellungen in der Kirche in Analogie zum trinitarischen Leben Gottes zu betrachten. Und hier gilt – so wurde bereits ausgeführt –: Was dem einen gehört, gehört auch dem andern, was der eine hat, besitzt auch der andere, was der eine vollbringt, vollzieht er zusammen mit den andern und in den andern. Das bedeutet, auf die Kirche als Bild der Trinität gewandt, daß in ihr jeweils *der einzelne* mit seiner ganz spezifischen, je unterschiedlichen Berufung und Befähigung auf besondere und ausdrückliche Weise das tut oder erleidet, was im Prinzip *allen* zu tun oder zu ertragen ansteht, so daß alle das besondere Tun und Erleiden des je einzelnen als *ihr Gemeinsames* anerkennen und entgegennehmen.

Die Probe aufs Exempel für eine solche Einstellung sind Fragen wie: Können sich kirchliche Amtsträger und Ordensleute von Herzen darüber freuen, wenn Laien tiefer und entschiedener das Evangelium leben als sie selbst oder wenn von ihnen die eigentlich entscheidenden Impulse für das kirchliche Leben ausgehen? Umgekehrt: Können Laien sich darüber freuen und es sich »gefallen lassen« ( = ihr Gefallen daran finden), daß es Amt, geistliche Vollmacht und Leitungsbefugnis in der Kirche gibt? Kann ich es nicht nur ertragen, sondern bin ich davon fasziniert, daß andere ein geisterfülltes Wirken aufweisen, das ich selbst nicht zusammenbringe, sondern mir von ihnen »vorhalten« lassen muß? Umgekehrt: Bin ich innerlich so »einfach«, um für das, was der Geist mir persönlich geschenkt hat und schenkt, die Anerkennung der andern entgegenzunehmen, ohne mich deshalb – im paulinischen Sinn – zu »rühmen« (vgl. 1 Kor 4,7)? Diese exemplarischen rhetorischen Fragen wollen konkret darauf hinweisen, daß gerade in der gegenseitigen Anerkennung, im Austausch und in der Mit-Teilung des je Besonderen und Eigenen die Communio-Einheit der Kirche zustandekommt (ohne daß dies deshalb konfliktfrei abgehen muß; aber auch die Konflikte sind in communialer Gesinnung durchzustehen!).

Nach diesen längeren Ausführungen über den Heiligen Geist zurück zur trinitarischen Gestalt der Kirche. Sie wird – wie wir anfangs sagten – versammelt durch Gott den *Vater* und findet ihre Gestalt *durch Christus* in der *durch den Geist* gewirkten Mannigfaltigkeit ihres Lebens. Oder anders gesagt: Sie ist geprägt von der »objektiven Gestalt« Christi und vom »inneren Leben« des Geistes, von der »äußeren, auf Christus verweisenden Erscheinung« und von der »inneren Kraft des Geistes«. Die äußere, objektive »christologische« Gestalt teilt mit und trägt die Präsenz des Geistes, und der Geist drängt dazu, jedem auf ganz verschiedene Weise die Gestalt Christi einzuprägen. Auch hier gilt das »Prinzip«: Gestalt will Leben werden, Leben will Gestalt finden. Beides sind deshalb untrennbare Aspekte, die sich so wenig widersprechen wie Vater, Sohn und Heiliger Geist, und die anzeigen, daß die Kirche als Geschöpf des drei-einen Gottes in einer großen trinitarischen Bewegung steht: Sie ist das Volk Gottes des Vaters, das dieser durch den Sohn im Heiligen Geist schafft und dem infolgedessen je verschiedene, und doch sich ergänzende Grundzüge eingeprägt sind. Gerade dadurch soll sie Communio werden: Einheit untereinander in variationsreicher Vielfalt.

Zu Recht betont Hermann-Josef Pottmeyer, der gleichfalls die unterschiedlichen trinitarischen Bezüge aufzeigt:

> »Wird einer dieser trinitarischen Bezüge unterbewertet oder vergessen, wird das Leben der Kirche als Abbild des dreifaltigen Gottes zutiefst gestört. Wird der Bezug zum Vater vergessen, schwindet die gemeinsame Würde und Sendung aus dem Blick, die Grundlage der communio. Wird die Kirche nicht mehr als Leib Christi verstanden, bricht die communio … der Glaubenden auseinander in die vielen, die sich gegeneinander auf den Geistbesitz berufen. Wird schließlich vergessen, daß die Kirche Tempel des Heiligen Geistes ist, erstarrt sie zu einer Hierokratie [=Priesterherrschaft], dem Zerrbild der communio«[52].

Kirche wird dann zu einem uniformistischen, zentralistisch-gleichgeschalteten Kadergefüge.

## *Der vergessene Heilige Geist*

Das gerade als Gefahr angedeutete »pneumatologische Defizit« ist tatsächlich für die römisch-katholische Kirche ein gutes Stück weit charakteristisch geworden. Als zu Beginn des 2. Jahrtausends das trinitarische Denken zurückging, begründete man theologisch Kirche nahezu ausschließlich nur noch im Blick auf die Christologie und von der Christologie her. Das heißt: Man stellte die Kirche fast nur noch als Werk und Wirkraum Jesu Christi dar, indem man folgenden Gedankengang entfaltete: Als Jesus Christus sein irdisches Leben beendete hatte, setzte er als seinen sichtbaren Stellvertreter auf Erden Petrus und dessen Nachfolger, den Papst, ein. Infolgedessen sind Papst und Papsttum das Einheits- und Konstruktionsprinzip der Kirche. Diese ist danach gewissermaßen ein geschlossenes System, wie eine Pyramide, an deren Spitze in der Autorität Christi der Papst steht, der kraft seiner plena potestas (unbeschränkten Vollmacht) die Einheit der Kirche zentral besorgt. Ein solches Verständnis von Kirche aber ist im Grunde ein a-trinitarisches, um nicht zu sagen anti-trinitarisches Kirchenbild. Man geht von einem abstrakten Einheitsbegriff aus und folgert: Ein Herr und Christus – ein Papst – eine Kirche.

Ganz anders stellt sich die Kirche dar, wenn man trinitarisch denkt (wie die Kirchen des Ostens es immer getan und deshalb auch nie den Gedanken einer Papstkirche ausgeprägt haben). Trinitarisch gesehen hat die Kirche Bild des communialen Gottes zu sein und muß deshalb selbst communiale Züge tragen, konkret: In ihr muß der Gedanke der Einheit mit dem der Vielheit, muß die Christologie mit der Pneumatologie vermittelt sein. Wie die Einheit Gottes nicht *vor* seiner Ausfaltung in drei Personen liegt, sondern gerade *im* gegenseitigen Wechselspiel ihres Lebensaustausches liegt, so darf auch die Einheit der Kirche nicht vor der Vielfalt der Ortskirchen liegen, sondern sie *ist* gerade das eine Wechselspiel, der eine Lebensaustausch der vielen Orts-, d.h. Bischofskirchen.

Das II. Vatikanische Konzil hat diese uralte katholische Idee dadurch wieder zu beleben versucht, daß es zum Verstehen der

Kirche bei der Ortskirche ansetzte: »In ihnen und aus ihnen besteht die eine und einzige katholische Kirche« (LG 23). Damit versuchte das Konzil, die Ekklesiologie wieder trinitarisch zu strukturieren: Wie der eine Gott sich im Miteinander und Füreinander der drei Personen verwirklicht, so verwirklicht sich die eine Kirche Gottes konkret in der Vielfalt von Ortskirchen und ihrem Beziehungsnetz. Eben deswegen ist für das II. Vatikanum die Kirche eine Einheit in und aus Vielheit; die *eine* Kirche ist ihrer Struktur nach ein – wie das Konzil ausdrücklich sagt – »corpus Ecclesiarum«, »eine Gemeinschaft von Kirchen« (LG 23). Einheit und Vielheit/Vielfalt also in einem!

Für diese Communio der Kirchen spielt der Bischof die entscheidende Rolle: er ist zunächst einmal die integrierende Mitte seiner Ortskirche (deren Zustimmung er von altersher [leider anders als heute] *bedarf*, um überhaupt sein bischöfliches Amt ausüben zu können!). Aber er besitzt dieses sein Einheit stiftendes Amt nur in der Weise, daß er durch die Weihe eo ipso in das collegium Episcoporum – Bischofskollegium – aufgenommen wird. Hier, im weltweiten Bischofskollegium, vertritt er die spezifische Eigengestalt und Eigenart seiner Ortskirche, die somit gerade durch den sie repräsentierenden Bischof in Communio und Communicatio mit den übrigen Ortskirchen steht. So ist der Bischof der Angelpunkt zwischen Ortskirche und Universalkirche als einer Gemeinschaft von Kirchen. In ihrem kollegialen Miteinander, in der Einheit des Bischofskollegiums, stellen die vielen Bischöfe, die jeweils ihre Kirchen vertreten, die Fülle und Vielfalt des Katholischen dar.

Von hier aus und nur von hier aus wird dann auch die – freilich historisch erst ziemlich spät reflektierte – Stellung und Aufgabe des Petrusamtes verständlich. Während die einzelnen

Bischöfe im Kollegium die Vielfalt ihrer Ortskirchen repräsentieren, ist der Papst – als Bischof von Rom ein Mitglied des Bischofskollegiums und als Nachfolger des Petrus zugleich Haupt des Kollegiums – als eben dieses Haupt Zeichen und Instrument für die Einheit des collegium Episcoporum und *dadurch auch* für die Einheit der Gesamtkirche. Der Papst besitzt also seine besondere Stellung und Vollmacht *als* Haupt des Bischofskollegiums, d.h. als wirksames Organ ihrer Einheit. In der Erfüllung dieser seiner Einheit stiftenden Aufgabe hat er all das zu tun, was dem Miteinander der Bischöfe und ihrer Kirchen dient, was es ermöglicht, erleichtert oder Schaden von ihm fernhält. Kurz: Das Papstamt ist Dienst am Miteinander der vielen Ortskirchen, an der weltweiten Communio der katholischen Kirche. Diese hat als Bild der Trinität eine trinitarische Einheit zu verwirklichen: Einheit in Vielfalt/Vielheit – Vielfalt/Vielheit auf Einheit hin. Nur so ist sie Bild des trinitarischen Gottes. Sie ist nicht und darf nicht sein ein römisches zentralistisches System und damit Bild eines einsamen, unitarischen Gottes. Dies vermag gerade der Blick auf das Wirken des Heiligen Geistes zu verhindern.

Aber noch in einer zweiten Hinsicht hat der Geist ins Spiel zu kommen. Es war schon davon die Rede, daß in einer nichttrinitarischen Ekklesiologie die Kirche wesentlich christologisch begründet wird, so wie bis heute im römischen System: »Ein Gott und Herr – ein Papst – eine Kirche!« Auch das ist eine arge Verkürzung. Schon bei Irenäus v. Lyon findet sich der Gedanke, daß Gott durch Jesus Christus *und* durch den Geist als seine *zwei* Hände das Heilswerk vollzieht. Damit ist auch in die Kirche eine unzertrennbare, aber doch klar zu unterscheidende Doppelstruktur, die christologische und die pneumatologische, eingezeichnet, von denen keine in ihrer spezifischen Eigenart übersehen werden darf, wenn die Kirche in ihrem Wesen nicht krank werden soll.

Von einem ersten Gesichtspunkt her ist die Kirche tatsächlich Werk Christi; sie ist – wie wir bereits sahen – »creatura Verbi«, zusammengeführt durch sein Wort und Handeln. In der Autorität des Vaters ist und bleibt er das ständige Voraus der Kirche, die sich stets an seinem Wort und seiner Gestalt zu normieren hat.

Doch ist die Sendung Christi nur eine der beiden Hände des Vaters. Der Vater streckt – als seine »zweite Hand« – den Geist aus. Er ist das gemeinsame Band von Vater und Sohn, von Gott und Schöpfung. Und so ist es auch der Geist, der das charakteristische Merkmal der Sendung und des Auftrags Christi, nämlich die Vollmacht, mit der er vom Vater her den Menschen gegenübertritt, in eine höhere Einheit und Gemeinsamkeit aufhebt. Durch den Geist wird Christus – wie schon aufgezeigt – zum inneren Lebensprinzip der Kirche und jedes einzelnen. Er schafft Vielfalt und zugleich Einheit und Gemeinschaft; er drängt dazu, allem die Gestalt Christi einzuprägen. Denn das Leben des Geistes will Christus-Gestalt annehmen, so wie die Christus-Gestalt geist-«volles« Leben werden will.

Beides ist in seiner spezifischen Eigenart untrennbar miteinander verbunden, so wie Christus und Geist zwei verschiedene Hände und doch Hände des einen Vaters sind, der sich durch beide sein Volk schafft.

Das hat nun erhebliche Konsequenzen für die Art und Weise, wie Kirche strukturiert ist und wie sich ihr Leben vollzieht. Denn die »christologische Hand« des Vaters ist gekennzeichnet durch Sendung und Vollmacht; es gilt, die Gestalt Christi der ganzen Schöpfung einzuprägen. Auf dieses Ziel hin ist auch die hierarchische Gestalt des Amtes ausgerichtet, da durch das Amt Sendung und Vollmacht Christi durch die Geschichte weitergehen sollen. So gesehen kann man tatsächlich eine vertikale hierarchische Linie von bevollmächtigter Sendung schreiben: Gott – Christus – Petrus – Papst – Bischof – Priester – bis schließlich hin zum »gewöhnlichen Laienvolk«. Und genau das ist das Vorstellungsbild der westlich-römischen Ekklesiologie und der westkirchlichen Praxis. Nicht, daß man in dieser Konzeption den Heiligen Geist ganz vergessen hätte – das nicht! –, aber man parallelisierte, ja identifizierte das Wirken des Geistes mit der hierarchisch-christologischen Sendung und ebnete es darin ein. Man vergaß dabei, daß der Geist die zweite spezifische »Hand Gottes« ist: Er wirkt im Innern jedes Glaubenden und verinnerlicht dadurch auch die durch Amtsautorität sakramental vermittelte Gestalt Christi. So schafft er aus dem »christologischen Gegenüber«, in dem das Amt zum übrigen Volk Gottes steht, Einheit, Verbindung, Communio. Darüber hinaus erwirkt er die Vielzahl der laikalen Charismen, die sich keineswegs allein der Heilsvermittlung durch das Amt, sondern seinem unmittelbaren Wirken verdanken.

Und genau dieses spezifische Wirken des Geistes ist der westlichen Ekklesiologie ein Stück weit entglitten: der Geist trat gegenüber der »christologischen Hand« Gottes in den Hintergrund. Das Amt im Gegenüber zu den Laien – nicht die Einheit der Gläubigen, das amtlich petrinische Zentrum – nicht die Communio der Kirchen, wurden in falscher Einseitigkeit hervorgehoben. Der Ort des Geistes war nicht mehr die Kirche als Ganze, sondern die Hierarchie. Kurz: Kirche wurde nicht mehr verstanden als Werk des Vaters, der sie durch seine »*zwei* Hände« schafft, Kirche erschien nicht mehr als Abbild und Teilhabe am Leben des trinitarischen Gottes, sondern wurde vorrangig als »fortlebender Christus« verstanden.

Damit dürfte die immens wichtige Relevanz des Trinitätsglaubens für eine erneuerte, ja zu erneuernde Gestalt der Kirche ins helle Licht getreten sein. Eine trinitarische Ekklesiologie kann sich nicht mit einer einseitigen zentralistisch-petrinischen und amtlichen Sicht der Kirche begnügen. Sie muß darauf bestehen, daß Kirche perichoretischer Lebensaustausch der vielen einzelnen Gläubigen und der vielen einzelnen Kirchen ist, ein Lebensaustausch, in dem es zwar unterschiedliche Funktionen gibt, z.B. das Amt und die Vielzahl laikaler Charismen. Aber es sind Funktionen, die in ihrer Verschiedenheit gerade dem gegenseitigen Austausch zu dienen und dafür zu sorgen haben, daß die »Gestalt Christi« und die Normierung an ihm, aber auch das Wirken und Drängen des Geistes nicht vergessen werden.

Für die Zukunft ist demnach die Aufgabe gestellt, im Leben der Kirche gegenüber der christologischen Perspektive auch wieder intensiver den Heiligen Geist und dessen spezifisches Wirken zu entdecken und zum Durchbruch kommen zu lassen. Nur so kann die Kirche mehr und mehr das werden, was sie von Gott her sein soll: Abbild seines drei-einen Wesens.

# Der Glaube an den drei-einen Gott im Dialog

## *Weltreligionen und »trinitarisches Dialogprinzip«*

In den letzten Jahren hat der Dialog der Weltreligionen eine hohe Dringlichkeit und Aktualität erhalten, da wir aufgrund der zunehmenden »Globalisierung« (wie heute das Zauberwort heißt) und der damit gegebenen weltweiten Kommunikation in einer Situation leben, »in der jedes Volk und jeder Kulturkreis zum inneren Moment jedes anderen Volkes und jedes anderen Kulturkreises wird«[53]. Angesichts des neuen Konfrontiert-Seins mit den andern Religionen stellt sich die Frage: Steht nicht gerade der christliche Trinitätsglaube dem Dialog der Religionen entgegen, so daß es besser wäre, diesen Glauben hintanzustellen? Nicht selten kann man, wenn man Gespräche von christlichen Theologen mit Juden und Muslimen verfolgt, den Eindruck gewinnen, daß diese Frage bejaht wird. Denn fast einmütig findet sich hier die Tendenz, den christlichen Trinitätsglauben zu »verstecken« oder wenigstens zu relativieren.

Demgegenüber sei für den Dialog der Religionen die Gegenthese aufgestellt: *Für das gegenseitige Verhältnis der Religionen und ihren Dialog miteinander bieten christlicher Trinitätsglaube und christliche Trinitätstheologie eine Basistheorie für gegenseitiges Verstehen und Sich-Annähern.*

Damit ist nicht gemeint, daß es quer durch alle Religionen das »Urphänomen« trinitarischer Strukturen gibt, auf Grund derer dann die Vielheit der Religionen eine gewisse Einheit finden könnte[54], sondern daß vom Trinitätsglauben her die verschiedenartigen religiösen Erfahrungszugänge und Grundvisionen des Gottesverständnisses eine neue Plausibilität gewinnen und sich trinitarisch vermitteln lassen. Konkreter gesagt: Der Unterschied von Vater, Sohn und Heiligem Geist im trinitarischen Leben Gottes – so wie der christliche Glaube es versteht – hat eine verblüffende Entsprechung zu den Grundtypen des Gottesbildes der großen Weltreligionen.

Betrachten wir zunächst diese Grundtypen.

*Erster Grundtypus:*

Gott ist das uns entzogene unendliche Geheimnis, niemand kann ihn sehen, ohne zu sterben; er ist der »ganz andere«, der »Namenlose«. Man kann durchaus in einem richtigen Sinn sagen: Er *ist nicht* und besitzt keine Ex-sistens, nicht einmal ein Sein[55]. Denn da Gott die *Quelle* allen Seins ist, kann er dieses nicht selbst sein. Indem man also auf Gott die Bezeichnung »Nichts« anwendet, bringt man seine spezifische, ihn von allen anderen Seienden radikal unterschiedene Wirklichkeit zum Ausdruck, eine Wirklichkeit, die nicht durch begriffliche Annäherungen oder Analogien bestimmt werden kann, da sie sich überhaupt nicht objektivieren, vorstellen, festmachen läßt[56]. So gibt es auch im eigentlichen Sinn keinen Weg zu Gott. Jeder Weg ist in Wirklichkeit »ein Nicht-Weg, ein Nicht-Gedanke, ein Nicht-Sein … Ihn kann man niemals erreichen, weil es kein Ende gibt, an das man gelangen könnte … «[57]. Darum ist das Schweigen angesichts des entzogenen Geheimnisses Gott die dem Menschen am ehesten zustehende Haltung.

Diese religiöse Einstellung findet sich in allen sog. »apophatischen Religionen«, d.h. in Religionen, für die Gott in solch absoluter Transzendenz steht, daß über ihn nur in Negationen (ER ist nicht dies oder das, nicht so oder so) gesprochen werden kann. Hier ist z.B. die buddhistische Erfahrung des *nirvâna* und des *shûnyatâ* (Leere) zu nennen oder überhaupt die spezifisch mystische Erfahrung quer durch alle Religionen, wonach das letzte Wort über Gott ist, daß man von ihm schweigen muß[58]. In dem Augenblick, wo man Gott begrifflich erfassen oder auch nur denkend und sprechend Gott gegenüber einen Standpunkt einnehmen will, objektiviert man ihn, d.h. macht man ihn zu einem Objekt unter anderen Objekten; im Versuch, ihn zu be-greifen und damit zu er-greifen, ver-greift man sich an ihm, dem letzten, unfaßlichen Grund aller Dinge.

Die christliche Trinitätslehre thematisiert in diesem Typus des Gottesbildes das Geheimnis des *Vaters*. Dieser ist nicht nur der uns entzogene Urgrund allen geschaffenen, sondern auch des göttlich-trinitarischen Seins. Er ist »das unfaßbar-abgründige Geheimnis des Sich-Verschenkens«, wie auf S.38 ausgeführt wurde. In diesem Sinn *ist* er »das Schweigen«. Zwar spielt dieser Begriff in der Entwicklung der christlichen Trinitätslehre keine entscheidende Rolle, weil er im Altertum von der Irrlehre der Gnosis besetzt war. Doch findet sich immerhin bei Ignatius v. Antiochien die Bemerkung, daß der Sohn, das göttliche Wort, »ausging vom Schweigen« (IgnMag 8,2). Zudem wird in der altchristlichen Ikonographie der Vater nie als solcher dargestellt, sondern stets nur in Zeichen, die auf seine Verborgenheit verweisen (Wolke, leerer Thron u. dgl.). Nicht zuletzt aber verstand sich *große* christliche Theologie immer als »theologia negativa«, deren »Klammer« schweigende Zurückhaltung und deren letztes Wort das Verstummen ist. Exemplarisch kann dafür ein Wort des Thomas v. Aquin stehen: »Da wir von Gott nicht wissen können, was er [seinem Wesen nach] ist, sondern nur, was er nicht ist, können wir auch nicht bedenken und behandeln (considerare), wie er ist, sondern eher, wie er nicht ist« (Sth I, 3 prol.)[59].

Die *Gefahr* eines solchen Gottesbildes, *wenn es exklusiv und absolut gesetzt wird*, besteht darin, daß die Grenze zum Atheismus und Nihilismus naheliegt, ja verschwimmt. Und überdies: Kann Gott, wenn er allein *so* gesehen wird, noch lebensprägend sein, Gegenstand von Anbetung und Gebet? Gibt es angesichts einer absolut entrückten göttlichen Transzendenz noch eine »Nähe« Gottes, in der und aus der man leben und handeln kann?

*Zweiter Grundtypus:*
Gott ist (transzendente) Person, die aus ihrer göttlichen Verborgenheit heraustritt und den Menschen anspricht. So ist er jemand, »mit dem man reden, einen Dialog beginnen, in Kommunikation treten kann, … das göttliche Du, das in Beziehung, oder besser gesagt, das die Beziehung zum Menschen und einer der Pole des gesamten Daseins ist«[60]. Durch diesen Gott ist alles, und wir sind von ihm, mit ihm und durch ihn. Indem er uns nahegekommen ist und sich uns offenbart hat, können wir sein Wort und seine Weisung vernehmen, ihm Namen geben, auf sein schöpferisches und heilschaffendes Wirken vertrauen und seinem Verheißungswort, wonach wir und die ganze Welt einmal auf ewig mit ihm Gemeinschaft haben dürfen, Glauben schenken.

Dieser Grundtypus des Gottesbildes ist der des Theismus, den wir z.B. im Judentum, Christentum und Islam (auf verschiedene Weise) verwirklicht finden. Diesem Typus geht es wesentlich darum, zu Gott in ein »persönliches Verhältnis« zu treten und sich von ihm zu einem Ziel führen zu lassen.

Dies gilt nun aber nicht nur für das Judentum und den Islam. »Der monolitische Monotheismus des orthodoxen Judentums tauchte in gewisser Weise im Christentum wieder auf. Für viele wurde Jesus einfach zum Gott der Christen, und diesen Eindruck gewinnt z.B. ein Hindu in der Predigt des Evangeliums ... Die Christen sind für ihn ein Volk, das Gott im Namen und in der Gestalt Jesu verehrt«[61]. Deshalb steht in der christlichen Trinitätstheologie für diesen Typus des Gottesbildes die zweite göttliche Person, der Sohn.

Die *Gefahr* einer solchen Sicht Gottes, *wenn sie exklusiv und absolut gesetzt wird,* besteht sowohl in einer Verkürzung des Gottesbildes (Gott wird nur als »Gegenüber« des Menschen gesehen) wie auch in einer zu großen Hervorhebung des Menschen, insofern hier *sein persönliches Verhältnis zu Gott* im Vordergrund steht, sei es daß er sich selbst handelnd in ein Verhältnis zu Gott hineinstellt, sei es daß er empfangend in ein solches Verhältnis aufgenommen wird. Dagegen wird die kosmische und kontemplative Dimension des Religiösen in diesem Typus zumeist ausgeklammert oder unterbewertet.

*Dritter Grundtypus:*
Gott ist die radikale Innerlichkeit *allen* Seins. Dabei bedeutet Innerlichkeit aber nicht einfach »Immanenz«, denn diese würde im Gegensatz zur »Transzendenz« stehen, und damit wäre eine Polarität, ein Gegensatz in das Sein eingetragen. Eine Immanenz, die nur *ein* Spannungspol gegenüber dem der Transzendenz wäre, würde gerade nicht »das Ganze des Seins«,

»alles Sein« sein. Mit Innerlichkeit ist vielmehr die tiefste Ganzheit gemeint, in der Gott und Kosmos, also alles, eins sind (die sog. »advaita«-Erfahrung des Hinduismus). Gott ist das tiefinnerliche Herz allen Seins, jener »Punkt«, in dem alle Spezifica, Unterschiedenheiten, »Selbstheiten« überwunden und hinter sich gelassen sind. Das bedeutet für den Menschen – so Maurus Heinrichs –: »Das letzte [ist] nicht die Gemeinschaft mit anderen menschlichen Personen oder mit Gott als Person, sondern das Bewußtsein der Identität eines jeden mit dem All, des *âtma* mit *brahma*«[62]. Nicht zu dieser Identitätserfahrung finden bedeutet falsches Selbstverständnis, Ichwahn, Fixiertsein in Endlichkeit und damit Unerlöstsein, Unheil. Während im zweiten Grundtypus der Blick auf ein personales Verhältnis zwischen *Gott und Mensch* gerichtet ist, kommt hier die Ganzheit, Fülle und Einheit des Göttlichen zur ausschließlichen Geltung. Entsprechend spielt auch die Dimension der Geschichte keine Rolle. Denn es kann in dieser religiösen Erfahrung keinen »Wechsel« von Teilen der Wirklichkeit gegenüber anderen »Teilen« geben (was für den Begriff der Geschichte konstitutiv ist); wirklich ist vielmehr nur das wesende Ganze.

Von diesem Gottesbild legen vor allem einige Formen des Hinduismus (zumal die Upanishaden) Zeugnis ab. Über den Hinduismus hinaus findet sich dieses Gottesverständnis auch in manchen Formen der Mystik (Meister Eckhart), wo nicht mehr der Dialog mit Gott die entscheidende Rolle spielt, sondern das »Bewußtsein«, in das »Meer« des Absoluten eingetaucht, in ihm präsent zu sein, ja in ihm aufzugehen.

Aus christlicher Sicht ist hier eine Nähe zum Heiligen Geist gegeben: Er ist ja der, der Vater und Sohn miteinander und die Schöpfung mit Gott verbindet und so die Einheit in aller Differenz ist. Wenn der Vater die Quelle ist und der Sohn der Strom, welcher der Quelle entspringt,

> »dann ist der Geist sozusagen das Endziel, der grenzenlose Ozean, in dem sich der Fluß des göttlichen Lebens vervollständigt, zur Ruhe kommt und sich erfüllt (*plenitudo et pelagus totius divinitatis*) ... Zum Geist kann man keine ›persönliche Beziehung‹ haben ... Man kann nicht *zum* Geist beten, als wäre er ein Objekt jenseits unseres Gebets. Mit dem Geist gibt es nur eine beziehunglose Vereinigung. Man kann nur *im* Geist beten, indem wir uns durch die Vermittlung des Sohnes an den Vater wenden. Es ist vielmehr der Geist, der in uns betet. Wenn man den Weg des Geistes betritt, kann man nur zum außer-ontischen Grund aller Dinge gelangen. Aber der Grund des Seins ist nicht das Sein. Die Kontemplation *im* Geist hat keinen intellektuellen Gehalt«[63].

So führt R. Panikkar aus und macht damit deutlich, wie sehr dieses Gottesbild enge Beziehungen zur dritten Person der Trinität des christlichen Glaubens aufweist.

Die *Gefahr* dieses Gottesbildes, *wenn es exklusiv und absolut gesetzt wird*, besteht in der religiösen Haltung des »Rückzugs« aus der konkreten Welt und Geschichte in das eigene, tiefste Geheimnis des Menschen. Damit ist eine gewisse Entwirklichung der »harten Realität« gegeben, die sich von der religiösen Erfahrung des All-Einen her als eine Art »Scheinwelt« darstellt. Aus dieser Einstellung kann allzu leicht ein Nicht-ernst-Nehmen verantwortlichen Handelns in der konkreten Welt und eine letzte Unverbindlichkeit zwischenmenschlicher Beziehung folgen.

Diese drei verschiedenen religiösen Grundtypen, denen auch drei ganz unterschiedliche Einstellungen zum menschlichen Leben und seiner Verwirklichung entsprechen, haben – wie schon jeweils im Anschluß an die Darstellung der Typen skizziert wurde – eine enge Beziehung zu den je spezifischen Eigentümlichkeiten der drei göttlichen Personen der christlichen Trinitätslehre. Deshalb haben alle genannten drei religiösen Grundverhältnisse in der Sicht des christlichen Glaubens eine – wie auch immer im einzelnen zu bestimmende – Legitimität. Wenn aber auf der anderen Seite jede von ihnen, wird sie exklusiv und absolut gesetzt, also gerade nicht in ihrer trinitarischen Integration betrachtet, spezifische Vereinseitigungen, Verengungen und Gefahrenmomente aufweist, so bietet sich der Trinitätsglaube als Einladung zu einer Synthese an: Keine der drei Zugänge zu Gott und keines der drei religiösen Grundverhältnisse braucht eliminiert zu werden; jede läßt sich mit den anderen vermitteln.

Für R. Panikkar gibt gerade die trinitarische Formel von Eph 4,6 (Gott, »der über allem und durch alles und in allem ist«) den Schlüssel dafür ab:

> »*Epi pantôn:* über allen, *super omnes*, Ursprung des Seins, der nicht das Sein ist, denn sonst würde vorausgesetzt, daß die Quelle das Sein wäre und nicht sein Ursprung: das höchste *Ich*.
> *Dia pantôn*: durch alle, *per omnia*, der Sohn, das Sein und der Christus, durch den und für den alles geschaffen ist, wobei die Seienden an Sein teilhaben: das *Du*, das noch immer in der Vielzahl der Dus des Universums ausgestreut ist.
> *En pâsin*: in allen, *in omnibus*, der Geist, die göttliche Immanenz und, in der Dynamik der reinen Aktes, das Endziel (die

Rückkehr) des Seins. Aus diesem Grund gibt es das Sein – und die Seienden – nur insofern, als sie aus dem Ursprung hervorgehen und im Geist weiterfließen: das *Wir*, insofern es uns alle in der integrierten Gemeinschaft dieser vollkommenen Wirklichkeit vereint«.[64]

Eine solche trinitarische »Synthese« muß keine synkretistische Addition unterschiedlicher Gottesbilder bzw. Zugänge zu Gott bedeuten, sondern kann als Einladung betrachtet werden, das »Absolute« in einer dreifachen Perspektive zu sehen und sich den religiösen Erfahrungen der Menschheit in drei unterschiedlichen Dimensionen zu öffnen, eben weil nach christlichem Glauben Gott selbst in solchen drei »Gegebenheitsweisen« sein Leben vollzieht, sich als solcher gezeigt hat und erfahren läßt. Allerdings beharrt der christliche Trinitätsglaube darauf, daß diese drei »Gegebenheitsweisen« Gottes weder (wechselnde) Erscheinungsformen eines dahinter liegenden unerreichbaren Absoluten darstellen, noch sich als platte Addition dreier unterschiedlicher Gottesbilder ergeben, sondern wahrhaft der eine und einzige Gott *sind*, der Gott, der »perichoretisch« (vgl. S.30f) sein Leben in drei unterschiedenen Personen vollzieht.

Gewiß ist es für einen religiösen Menschen oder eine bestimmte Religion möglich, einen der Grundtypen – der christliche Glaube würde sagen: eine der drei göttlichen Personen – besonders in den Vordergrund zu stellen und die Erfahrungen mit dem Göttlichen gewissermaßen auf ein Grundverhältnis hin zu »bündeln«. Doch wird es insgesamt darum gehen müssen, daß die verschiedenen Religionen den je schon bei sich verwirklichten Zugang zu Gott und die je schon gelebte religiöse Erfahrung aus ihrer alles bestimmenden Exklusivität (wenn es so sein sollte) zu befreien und auf die integrale Fülle einer trinitarischen Gottesvorstellung hin zu öffnen. Ein Dialog der Religionen, der das Ziel der Einheit anpeilt, kann sich also nicht damit begnügen, die bestehenden Unterschiede nur als trinitarische *namhaft* zu machen und zu *verstehen* (was freilich auch schon ein Wert ist), sondern er hat die gegenseitige *Perichorese* der drei »Gottesbilder« zu entdecken und im eigenen religiösen Verhältnis zu realisieren (wobei – nochmals sei es wiederholt – unterschiedliche Zugänge und Akzentuierungen *bleiben* dürfen, wenn diese nur füreinander offen sind und im religiösen Bezug sowie in dessen alltäglicher Auswirkung zum Tragen kommen).

Wenn der Trinitätsglaube auf diese Weise als eine Art Basistheorie für den Dialog, ja für die Einheit der Religionen ins Spiel gebracht wird, richten sich an jeden der genannten religiösen Typen tiefgreifende Fragen, die noch über die bereits genannten »Gefährdungen« hinausgreifen.

Für die Religionen des ersten und dritten Typus stellen sich zwei Grundprobleme:

(1) Können diese Religionen akzeptieren, daß Gott wirklich aus sich heraustritt, um den Menschen liebend »auf den Leib zu rücken«? Zur Liebe – so jedenfalls das christliche Verständnis – gehört sowohl das »Anderssein« von Liebendem und Geliebtem als auch der Wille, dem Geliebten so nahe wie nur möglich zu kommen. Zeichen der äußersten Nähe Gottes ist für den christlichen Glauben die Inkarnation, Zeichen seiner Andersheit, die »Entäußerung« bis hin zum Tod am Kreuz. Wenn die Religionen des ersten und dritten Typus diese Charakteristika der Liebe annehmen und als plausibel erfahren (nicht zuletzt aufgrund des Lebenszeugnisses von Christen), hat

sich die absolute Negativ-Erfahrung des ersten und die advaita-Erfahrung des dritten Typus zu öffnen für einen Gott, der in äußerster Liebe aus der absoluten Entzogenheit des »Nichts« hervorgetreten ist, die Schöpfung als »das andere« gesetzt hat, um mit ihr Beziehung aufzunehmen, konkret: um sich ihr als bestimmtes, einmaliges Du zu erschließen und mitzuteilen. Dann aber können die religiösen Grundformeln nicht mehr (allein) lauten: »Gott ist das Nichts« bzw. »Ich bin Du«, sondern sie müssen lauten: »Ich bin Dein«, mehr noch: »Ich möchte so Dein sein, wie Du selbst ›mein‹ bist«, nämlich in unbedingter Zuwendung der Liebe.

(2) Damit zusammenhängend ist ein zweites Problem gegeben: Ist das »Absolute« Person, kann es Person sein? Maurus Heinrichs meint sogar: »Im Grunde reduziert sich die Frage nach dem Verhältnis zwischen biblischer Offenbarung und religiöser Erfahrung [der fernöstlichen Religionen] auf die Frage nach dem personhaften oder nichtpersonhaften Charakter des letzten Seinsgrundes«[65]. Allerdings ist bei der Frage nach dem Personsein Gottes mitzubedenken, daß das »›Ich‹ im Osten stets den Beigeschmack von egoistisch«, von selbstzentriert, selbstbezüglich und deshalb den Charakter von schlechter Endlichkeit hat[66]. Ein *solcher* Person-, besser würde man sagen: Subjektbegriff ist nun aber gerade aufgrund des trinitarischen Glaubens zurückzuweisen. Person ist nach christlicher Anschauung wesentlich Beziehung zum anderen. Menschliche Person ist (endliche) Beziehung zu Gott, zum Mitmenschen, zur Welt. Göttliche Person ist unendliche, »radikale« Beziehung zu den anderen göttlichen Personen und zur geschaffenen Wirklichkeit, eine Beziehung, die »bis zum Tod am Kreuz« geht. So ist sie gerade die Verneinung jeder subjektzentrierten und deshalb beschränkten Ichhaftigkeit. Wenn Gott aber eine Per-

son, besser: eine Communio von Personen ist, die selbst Beziehung lebt und Beziehung zu den Menschen sucht, so kann der religiöse Grundakt nicht »individuelles Hineinversinken« in die Tiefe sein, um hier auf das Absolute zu stoßen, sondern gehorsame Antwort auf das (geschichtliche) Angerufenwerden von Gott. Es ist ein Ruf, der den Angesprochenen immer auch in die Beziehung zu den Mitgeschöpfen und in die Verantwortung für sie weist.

Mit diesen für den ersten und dritten Religionstypus *neuen* Perspektiven brauchen die eigenen religiösen Dimensionen nicht in Frage gestellt zu werden, ja dürfen sie nicht einmal in Frage gestellt werden, da auch sie ja Antwort auf die Gegenwart des trinitarischen Gottes sind, der ebenso unter ihnen wirksam ist und sich zur Erfahrung bringt.

An die Religionen des zweiten Typus stellen sich gleichfalls Fragen, wenn es darum geht, Engführungen und Einseitigkeiten angesichts des trinitarischen Gottesverhältnisses aufzuzeigen. Das Grundproblem ist hier: Wird nicht oft vor der pointierten Du-haftigkeit des Gottesverhältnisses das absolute, unaussagbare göttliche Mysterium übersehen sowie seine alles, auch mich selbst einbegreifende »Allheit«? Steht demgegenüber nicht allzu sehr der Mensch im Mittelpunkt und wird nicht das Ganze des von Gott durchwirkten Kosmos an den Rand der Aufmerksamkeit gedrängt? Diese Fragen sind auch an das Christentum zu richten. Zwar bekennt es sich zum trinitarischen Gott, vollzieht sich dennoch aber *faktisch* allzu oft und viel zu sehr als ausschließliche Religion des zweiten Typus. Denn wie oft vergißt es das unnahbare Mysterium des Vaters, der – auch als von Christus offenbart – uns immer entzogenes Geheimnis bleibt; wie oft übersieht oder unterschätzt es die

Wirklichkeit des Geistes, der in Mensch und Kosmos alles zutiefst durchwirkt und zusammenhält!

Weil also auch die Christen selbst noch das zu *lernen* haben, was sie im Buchstaben des Glaubensbekenntnisses schon mit sich herumtragen, ist der Dialog der Religionen unter dem Vorzeichen »Trinität« keine Einbahnstraße. Vielmehr stellt er eine *gegenseitige* Herausforderung dar, von den religiösen Erfahrungen der anderen zu lernen und mit der dreifach-einen Wirklichkeit Gottes ernst zu machen. Deshalb ist es wohl nicht übertrieben, wenn E. Cousins formuliert: »Vielleicht werden künftige Historiker die Periode zwischen Nizäa und dem 20. Jahrhundert als ein frühes Stadion der Trinitätslehre bezeichnen, insofern eine neue Phase angebrochen ist, wenn die Logos-Perspektive des Christentums sich öffnet für den Apophatismus des Buddhismus und die vereinende Spiritualität des Hinduismus«[67].

## *Religionskritik, Zeitdiagnose und Trinitätsglaube*

Wie sich der Trinitätsglaube als Dialog-«Prinzip« für die Begegnung mit den Weltreligionen anbietet, so zeigt er auch in der Begegnung mit der neuzeitlichen Religionskritik seine erhellende und aufklärende Relevanz. Das sei im Folgenden nur am Beispiel der psychoanalytischen Religionskritik und ihrer Diagnose unserer Gegenwart erörtert. Ähnliches ließe sich auch angesichts der philosophischen Religionskritik zeigen, die aber hier ausgespart bleiben soll[68].

»Wenn der uralte Heilige Vater
mit gelassener Hand
aus rollenden Wolken
segnende Blitze
über die Erde schickt,
küß ich den letzten Saum seines Kleides,
kindliche Schauer treu in der Brust« *(J. W. v. Goethe)*.[69]

Das in diesen Versen zum Ausdruck kommende Gottesbild ist geprägt von allgewaltiger, überlegener Autorität, dergegenüber sich der Mensch als unmündiges, hilfloses Kind erfährt. Da das religiöse Verhältnis direkte Konsequenzen für das Selbstverständnis des Menschen hat (siehe S.41), setzt sich ein solches Gottesbild in analoger Weise fort im Verhältnis zu Autoritäten, die von diesem Übervater-Gott ihre Legitimät erhalten: Papst (»Papa«) – Landesvater – Familienvater u. dgl. Ihnen allen begegnete man bis zur Neuzeit gleichfalls mit kindlicher Unterwerfung, die keinen Widerspruch und keine Kritik zuließ.

Kein Wunder, daß der mündiggewordene Mensch der Neuzeit, um endlich er selbst werden zu können, diese erdrückenden » Übervater«-Gestalten abgeschüttelt hat oder wenigstens abzuschütteln suchte und zugleich mit ihnen auch das religiöse Verhältnis überhaupt, den Glauben an Gott und seine Offenbarung. All dies schien ja dem emanzipativen Prozeß der Selbstwerdung und Verwirklichung eigener Freiheit zutiefst zu widersprechen. Wie kam es dazu?

Der Psychoanalytiker und Zeitdiagnostiker Horst E. Richter zeigt in seinem zu Anfang der 80er Jahre viel diskutierten Buch »Der Gotteskomplex«[70], daß in Europa beim Übergang vom Mittelalter zur Neuzeit Prozesse abgelaufen sind, die dem »kindlichen Reaktionsmuster« verwandt sind: Gemäß dem psychoanalytischen Gesetz, daß die Erfahrung von Ohnmacht und Abhängigkeit nur durch überkompensatorische Allmacht abgewendet werden kann, macht sich das Kind auf einer bestimmten Entwicklungsstufe nicht nur von der Autorität des Vaters frei, sondern sucht sich selbst in übersteigertem Machtgefühl *an dessen Stelle* zu setzen. Ganz ähnlich trägt die neuzeitliche Einstellung zur Religion viele Züge genau dieses »Reaktionsmusters«: *weg* von »narzißtischer Ohnmacht« gegenüber Gott – *hin* zu »narzißtischer Omnipotenz«[71]; *weg* aus kindlicher Unmündigkeit – *hin* zu einer Haltung egozentrischen Größenwahns, einem der Kennzeichen unserer Gegenwart. »So wurde jeder gewissermaßen sein eigener Gott«[72].

Richter bewegt sich mit seinen Überlegungen auf einer von Sigmund Freud eröffneten Bahn, wonach »die psychoanalytische Erforschung des einzelnen Menschen … mit einer ganz besonderen Nachdrücklichkeit [lehrt], daß für jeden der Gott nach dem Vater gebildet ist«[73]. Was vom menschlichen Vater gilt, gilt analog auch vom göttlichen. Vom menschlichen Vater ist nun zu sagen, daß er einerseits der Sehnsucht des Kindes nach Liebe, Geborgenheit und Sicherheit entspricht, andererseits jedoch auch als die Instanz erfahren wird, welche die eigene Freiheit einschränkt und Verzicht einfordert. Deshalb muß man den Vater umbringen, um ganz selbst sein zu können, und vermag doch nicht davon abzusehen, daß die vormals in ihm garantierte Geborgenheit und Sicherheit weiter nach Erfüllung schreit.

Um solche Erfüllung »nach dem Tod des Vaters« auf neue und andere Weise zu erringen, konstituiert sich das neuzeitliche Subjekt so, daß es Geborgenheit und Sicherheit *in sich selbst* finden kann: es konstituiert sich als sein eigener Gott. So setzte sich in der »Selbstvergottung« des einzelnen Ich bis heute die verabschiedete monotheistische Glaubenstradition fort. Denn – und nun folgen bemerkenswerte Beobachtungen des Psychoanalytikers Richter -

> »es stand ja keine Göttergemeinschaft zur Verfügung, die sich in einem entsprechenden Konzept kollektiver Beziehungen hätte abspiegeln können. Die monotheistische Vorstellung ließ sich nur als individuelles Größen-Selbstbild übernehmen. Der einzelne wurde zur in sich abgeschlossenen Monade. Seine individuelle Identifizierung mit Gott machte ihn zu einem Ich, das allen anderen Menschen und Dingen ohne inneren Bezug gegenüberstand, nicht als Glied einer auf Kommunikation untereinander angewiesenen Gemeinschaft«[74].

Auf diese Weise ist durch den Sturz des göttlichen Übervaters und durch die Übernahme von dessen Rolle das maßlos vergrößerte, sich selbst überschätzende neuzeitliche Individuum entstanden, das aber als seine verdrängte Kehrseite das ehemals kindliche Ich immer noch mit sich herumträgt. Dies hat zur Folge, daß die damit gegebenen ungelösten Spannungen in allen Konzepten zwischenmenschlicher Beziehungen weitergehen.

> »*So konnte nie ein Modell* [von Menschsein] *zustande kommen, das von einer sozialen Gemeinschaft emanzipierter erwachsener Menschen ausgeht.* Der verinnerlichte Gotteskomplex hat zwischen der Stufe der kindlichen Abhängigkeit und der Stufe des narzißtischen Übermaßes ein Vakuum gelassen. So haben sich die Menschen entweder weiterhin

immer nur *ganz klein* gesehen, was sie zu verdrängen versuchten, oder nur *ganz groß*, was sie sich eben mit Hilfe der Verdrängung einzubilden verstanden. Dazwischen konnte sich nicht das Selbstbild entfalten, das für ein eigentlich gedeihliches Zusammenleben ... das einzig Sinnvolle wäre: *nämlich das Bild von Menschen mittlerer Größe, die sich in einer Gemeinschaft miteinander auf gleicher Stufe befinden, die ihre Freiheit in dieser Gemeinschaft und sie nicht gegen sie verwirklichen sollen und ihre Abhängigkeit untereinander nicht als einseitige Unterdrückungsverhältnisse hassen oder fürchten müssen, sondern als sinnvolles symmetrisches Aufeinander-angewiesensein bejahen können*«[75].

Dieser in der Tradition Freuds stehende Text, für den das Ganze des angeführten Werkes von Richter einen einzigen großen Kommentar bildet, ist für den Trinitätsglauben von hohem Interesse. Er weist ohne explizite theologische Voraussetzungen auf die Entsprechung zwischen monadisch-unitarisch bestimmter Gottesvorstellung und der Art und Weise menschlichen Selbstverständnisses hin: Wo die letzte Bezugsgröße des Menschen a-trinitarisch ist, das heißt: wo der Mensch sich einen Gott entwirft, der einsame, oberste Macht, »Übervater«, ist, muß sich das Geschöpf entweder in die Haltung kindlicher Ohnmacht, selbstgenügsamen Vertrauens und ängstlichen Gotteslobes flüchten (nach dem burschikosen Motto: »Darum loben wir ihn laut, weil er uns sonst niederhaut!«), *oder* es muß seine Unmündigkeit dadurch kompensieren, daß es die Religion verabschiedet und sich selbst an die Stelle göttlicher Macht setzt bzw. sich wenigstens mit dieser zu identifizieren sucht.

Im ersten Fall zeigt sich Religion als Bedürfnisbefriedigung, als »Opium des Volkes«, im zweiten Fall entsteht »das Selbstbild eines maßlos vergrößerten, dominanten Individuums«, das im Grunde zu keiner »sozialen Gemeinschaft emanzipierter erwachsener Menschen«, wie Richter bemerkt, fähig ist.

Soll diese widersprüchlich-destruktive, die ganze Neuzeit bis heute beherrschende Form menschlichen Selbstverständnisses nicht das letzte Wort haben, bedarf es einer anderen, befreienden Gestalt des Göttlichen, welche nicht »Übervater« und damit Konkurrent menschlicher Freiheit ist, sondern gerade deren Ermöglichung. Es bedarf einer Gestalt des Göttlichen, die aber nicht Ergebnis von Bedürfnissen und Projektionen ist, sondern die – um eine Formulierung Richters aufzugreifen – »zur Verfügung steht«. Weder als unitarisch-monadische und darum erdrückende Macht, noch als mythische »Göttergemeinschaft«[76], sondern als Wirklichkeit des einen Gottes, der Gemeinschaft der Liebe ist, der nicht »von oben« den Menschen mit seiner Allmacht zu Boden wirft, sondern ihn als Ge-Freiten und Freien in sein Leben einbezieht. Eben dies ist der Gott des trinitarischen Bekenntnisses, der auch auf das Verstehen des »Zeitgeistes« und auf die Auseinandersetzung mit ihm sein helles Licht wirft.

# Bild und Wüste

## *Rückblick*

An vielen Beispielen, die wir im Laufe des Büchleins erörtert haben, wurde deutlich, daß der Glaube an den trinitarischen Gott nicht folgenlos ist; er ist die wohl folgenschwerste Glaubenswahrheit überhaupt. In ihrem Licht wird ungemein vieles klar und einsichtig, Probleme und Widersprüche werden lösbar, neue Verhaltensperspektiven und Wege der Praxis tun sich auf. Das läßt denken an ein Wort des Dichters Joseph Freiherr v. Eichendorff:

»Schläft ein Lied in allen Dingen,
Die da träumen fort und fort.
Und die Welt fängt an zu singen,
Triffst Du nur das Zauberwort«.

Das »Zauberwort«, das die Wirklichkeit des Glaubens, unseres Lebens, ja der ganzen Wirklichkeit zum »Singen« bringt, so daß sie sich selbst findet, daß sie »hell«, »ganz« und »heil« wird, ist der drei-eine Gott, der im Bild seines eigenen communialen Lebens alles erschaffen hat und alles zur Vollendung bringt. Deshalb ist es nicht verwunderlich, daß auch erst im Glanz des trinitarischen Urbildes die vielen Abbilder der Schöpfung ihr eigentliches Wesen und ihren inneren Zusammenhang zeigen. Eben deshalb zeigt sich auch der trinitarische Glaube der Christen nicht nur als in sich nicht widersprüchlich und widervernünftig, sondern im Gegenteil als plausibel, wirklichkeitserhellend, praxisrelevant.

Dennoch vermag dieser Glaube von uns nicht durchschaut und durch das Begreifen der Vernunft ersetzt werden. Glaube bleibt Glaube, selbst wenn er – gemäß der vielzitierten Formel des Anselm v. Canterbury vom »fides quaerens intellectum« – Einsicht sucht und auch eine gewisse Einsicht erlangt. Gott bleibt, gerade als der drei-eine Gott, der Deus semper maior, der stets größere Gott, von dem schon Augustinus sagt: »Si comprehendis, non est Deus« – » Wenn du ihn begreifst, ist es nicht Gott (den du da begreifst)«. So bleibt das Nachsinnen des Glaubens und das Nachdenken der Theologie immer nur Stückwerk, immer nur An-Weg auf der Suche danach, Gott zu verstehen und ihn sich vorzustellen.

Doch gibt es außer Nachsinnen und Nachdenken, Verstehen und Vorstellen noch eine andere Weise des Zugangs zur Wirklichkeit Gottes: *die Kunst.* Auch in den Werken der Kunst geschieht ein »Verstehen« und erst recht ein »Vorstellen« der Wirklichkeit, aber so, daß *von vornherein* klar ist[77], daß das Dargestellte von sich weg auf etwas verweist, was nicht verstehbar, denkbar, vorstellbar ist. Das gilt erst recht von künstlerischen Darstellungen Gottes und der transzendenten Welt: sie können und wollen nicht *diese selbst* wiedergeben, sondern nur bildhaft bezeichnen. Nicht also um eine bildhafte »Wiedergabe« der göttlichen Mysterien geht es in der Kunst, sondern um eine erinnernde Repräsentation, die gerade im (Von-sich-weg-)Verweis das Mysterium aufleuchten läßt.

So verstanden sollen am Schluß unserer Erörterung – gleichsam als Zusammenfassung auf einer völlig anderen Ebene – einige Hinweise auf künstlerische Darstellungen der Trinität stehen, die in unterschiedlichster Weise auf das Mysterium Gottes hinweisen und zugleich – wie mir scheint – die Grundaussagen und -anliegen des vorliegendes Buches bestätigen und zusammenfassend unterstreichen können.

Darstellungen der Trinität sind uralt. Das wohl älteste Hinweiszeichen ist das gleichseitige Dreieck, das in der kulturellen Überlieferung der Menschheit – auf ganz unterschiedliche Weise – immer eine besondere »Bedeutungsträchtigkeit« besaß[78]. Dazu kamen im Hochmittelalter die Symbole von drei konzentrischen Kreisen und im Spätmittelalter von drei Löwen oder Adlern mit nur einem Kopf sowie von drei, in einem Kreis eingeordneten Hasen mit insgesamt nur drei Ohren (siehe den Umschlag dieses Büchleins). Auch das dreiblättrige Kleeblatt und das kleine Omega (ω), das wie das Kleeblatt auf den dreifachen Rhythmus der Dreifaltigkeit verweist, galt als Trinitätssymbol. Ebenso verstand man die Dreizahl der Kirchenschiffe, Apsiden und Fenster als symbolische Darstellung der Trinität.

Neben solchen eher abstrakten Symbolen gibt es eine Reihe von Trinitätsdarstellungen, die für die hier vertretene Konzeption, die Trinität als Communio zu verstehen, außerordentlich bemerkenswert sind, weil sie *entgegen der Tendenz der westlichen Theologie* nicht die Einheit, sondern die Dreiheit der Trinität und damit deren communiales Wesen unterstreichen.

Dies sei an vier ganz verschiedenen Typen von Dreifaltigkeitsdarstellungen erläutert, von denen jede auf ihre Weise bestimmte Aspekte des trinitarischen Mysteriums zum Leuchten bringt.

*Erster Typus: Drei gleichgebildete Gestalten:*
Diese Art der trinitarischen Verbildlichung, die sich etwa ab dem 9. Jh. findet, sei am Beispiel des Gnadenbildes »Santissima Trinità« von Vallepietra (Latium/Italien) vorgestellt und erläutert.

Die Entstehung des Wallfahrtsortes Santissima Trinità – einer der äußerst wenigen, aber ungemein populären Pilgerziele, die der Heiligsten Dreifaltigkeit geweiht sind – liegt im Dunkeln. Vielleicht geht er auf Mönche, die in der ostkirchlichen Tradition standen, zurück. Das würde auch den für den Westen eher seltenen Titel eines Wallfahrtsortes zur Heiligsten Dreifaltigkeit plausibel machen.

Die Darstellung der Trinität, mit der wir uns im folgenden befassen, gehört jedenfalls zu der byzantinisierenden römischen Schule des frühen 13. Jahrhunderts. Ihr ikonographisches künstlerisches Vorbild hat sie in einigen zeitgenössischen Miniaturen, doch ist ihre Durchführung – ein riesiges Fresco (2,10 m x 1,60 m) auf dem Naturstein einer Höhle – absolut einmalig. Es ist nicht auszuschließen, daß das Werk von Floriazenser Mönchen, die ihrerseits auf Joachim v. Fiore († 1202) zurückgehen, in Auftrag gegeben wurde. Joachim selbst kannte diese Gegend von einem Aufenthalt in Casamari; und die Floriazenser hatten eine Abtei in Anagni, zu dessen Diözese Vallepietra gehört. Joachim aber hatte eine Trinitätstheologie entwickelt, die dezidiert die personale Gemeinschaft der göttlichen Personen herausstellte – gegen den Trend seiner Zeit, das eine göttliche Wesen zu akzentuieren. Genau dies entspricht dem geistigen Hintergrund der gewählten Darstellungsweise.

Drei Wesenszüge stechen an der hier zu besprechenden trinitarischen Darstellung hervor; sie gehören offenbar zur Intention des Künstlers und/bzw. seiner Auftraggeber:

(1) Die *Dreiheit* der Personen wird durch die Darstellung von drei gleichgebildeten menschenförmigen Gestalten unmißverständlich herausgestellt: der eine Gott, an den die Christen glauben, ist eine Gemeinschaft von Personen. Dies wird auch unterstrichen durch die Bildlegende: IN TRIBUS HIS DOMINUM P[ER]SONIS CREDIMUS – »In diesen drei Personen glauben wir an den Herrn«[79]: Der Herr (= der eine Gott) ist allein dadurch Gegenstand des Glaubens, daß der Glaube sich auf die drei Personen richtet.

Gegenüber der Dreiheit tritt die Darstellung der Einheit Gottes zurück, fällt aber nicht völlig aus: *Formal* ist auf den ornamentalen Bildrahmen hinzuweisen, der die drei zur Einheit zusammenschließt. *Inhaltlich* drückt der gleiche Thron, auf dem die Personen sitzen, die gleiche Kleidung, der gleiche Blick, der gleiche Gestus ihre Einheit aus.

(2) Diese Dreiheit Gottes ist dem Menschen zugänglich *allein durch Offenbarung*. Dafür steht unübersehbar das wichtigste Attribut jeder der Personen: das *Buch*. Auf der gleichen Linie kann auch der Handgestus verstanden werden, nämlich als Gestus des Rhetors, also dessen, der das Wort »hat« und sich im Wort »äußert« oder sich im Dialog befindet. Beides verweist darauf: Nur im Wort, in der freien Selbstmitteilung, in der Gott sich offenbar macht, geht die Dreiheit Gottes auf. Dabei muß freilich das Wortgeschehen nicht auf die Heilsgeschichte im engeren Sinn beschränkt sein. Die großen Theologen seit frühester Zeit, angefangen von Tertullian und Augustinus über die Hochscholastik bis noch hin zu Andeutungen bei Luther, sprechen von einem zweifachen »Buch« der Gottesoffenbarung, dem der Schöpfung und dem der Heiligen Schrift. In beiden »Wort-Medien« treten die drei göttlichen Personen aus sich

heraus, machen sie sich dem Menschen bekannt, sprechen sie ihn an. *Sie*! Die Offenbarung der Trinität geschieht nicht nur durch Jesus Christus, dem Wort Gottes schlechthin, der in sonstigen religiösen Darstellungen als einziger durch das Buch und durch den Handgestus des Sprechenden charakterisiert ist. Hier ist es anders: Es »sprechen«, d.h. es teilen sich alle drei Personen im Wort mit. So wird durch das dreifache Buch noch einmal mehr die Dreiheit in Gott unterstrichen.

(3) Trotz dieser Offenbarung bleibt der dreipersönliche Gott *in unnahbarer Transzendenz*. Dies wird unterstrichen durch den erhabenen, hieratischen Charakter des Bildes, durch die majestätischen Dimensionen, dadurch daß der Künstler das farbige Bild vom Dunkel des Hintergrunds mit ungeheurer Kraft abhebt. Vor allem ist es der in seiner Starrheit übermenschlich-erhabene Blick der drei Personen, der den Betrachter etwas von der Unbegreiflichkeit Gottes ahnen läßt, so daß der Pilger »gleichsam hineingetaucht wird in die Unermeßlichkeit des trinitarischen Mysteriums« (A. M. D'Achille).

Allerdings muß nun auch hinzugefügt werden, daß diese Transzendenz den Zug des Archaisch-Starren, ja Unverstandenen trägt, vor allem was das Zueinander der drei Personen angeht. Ihre Einheit besteht allein im formalen Nebeneinander und in der abstrakten Gleichheit. Dagegen findet ihr Miteinander-Sein als Geschehen höchster Liebe keine Darstellung. Ungeklärt bleibt damit die Trinität als Beziehungsgeschehen (wobei beides gleichermaßen von Bedeutung ist: Beziehung *und* Geschehen). Kein Hinweis auf die lebendige Perichorese des Lebens, auf das Über-Hinaus in Gott selbst und erst recht auf das Erlösungsgeschehen läßt sich der Darstellung entnehmen.

Das sind die Grenzen dieses Bildtypus, welche auch wohl der Grund dafür waren, daß sie seit 1745 vom kirchlichen Lehramt untersagt wurden.

*Zweiter Typus: Drei Besucher Abrahams (»Philoxenia«):*
Der Perikope Gen 18,1ff, in der einmal von drei Männern, die Abraham besuchen, dann aber wieder von einem Mann gesprochen wird (trotz der Dreizahl ist es »der Herr«: V. 1, der erscheint und der als »Mein Herr!«: V. 3 angeredet wird), wird von allen Kirchenvätern und Theologen des Altertums und des Mittelalters bis noch hin zu Luther ein tieferer Sinn zuerkannt. Wenn dabei auch die Deutungen zwischen »drei Engeln«, »Christus mit zwei Engeln« und »Trinität« schwanken, haben doch auch die beiden ersten Interpretationsweisen immer eine trinitätstheologische Nuance, die sich etwa ab dem 11. Jh. in den Ostkirchen vollends durchgesetzt hat und so die Basis für den Haupttypus der orthodoxen Trinitätsdarstellung bildet.

Gegenüber der »Beziehungslosigkeit« der zuvor besprochenen Darstellung von Vallepietra wird hier die Trinität vornehmlich als Beziehungsgeschehen zum Ausdruck gebracht (wobei auch hier beides gemeint ist: Beziehung *und* Geschehen).

Die älteste uns bekannte Durchführung dieses Typs ist ein Mosaik in S. Maria Maggiore in Rom (vor 340) und ein Fresko in der Katakombe der Via Latina (Mitte des 4. Jh.). Diese Art der Verbildlichung erreicht im Westen in den Mosaiken von Ravenna und Monreale sowie im Gebetbuch der hl. Hildegard ihren Höhepunkt. In der byzantinischen Kunst, am eindringlichsten in der russischen Ausprägung, ist die Ikonographie der Trinitätsikone ganz und gar von diesem Typus bestimmt, dessen Kulminationspunkt die bekannte Rubljev-Ikone darstellt. Sie wurde um 1410 für das Dreifaltigkeitskloster im heutigen Sagorsk (vormals und vermutlich bald wieder: Ssérgijev-Possad) gemalt und befindet sich heute in der Moskauer Trétjakov-Galerie.

Diese Weise, die Trinität künstlerisch darzustellen, sei am Beispiel einer *Variante* der Rubljev-Ikone erläutert, die in manchen Zügen den Prototyp verdeutlicht: sie wurde gemalt im Atelier der Petites Soeurs de Bethlehem, Currières/ St. Laurent-sur-Pont, Frankreich. Eine Kopie findet sich als Altarbild am Zentrum von INTAMS (International Academy for Marital Spirituality), Sint-Genesius-Rode bei Brüssel, Belgien. Und dies ist wohl nicht zufällig, geht es doch dieser Akademie wesentlich um die geistliche Beziehung von Mann und Frau, die ihr Urbild in der Beziehung des trinitarischen Gottes hat.

Im Typus, der hier zu erläutern ist, kommen zwei wichtige Momente ins Spiel:

(1) Wiewohl die Einheit des dreifaltigen Gottes und die Gleichheit der Personen durch einen sie imaginär umschließenden Kreis sowie durch die gleiche Kleidung und den gleichen Gestus des Herrschens (Thron, Zepter) zum Ausdruck kommen, steht bei weitem im Vordergrund die *Darstellung des Lebens der Trinität als eines Geschehens gegenseitiger Beziehungen dreier unterschiedlicher Personen: Communio.*

Beginnen wir mit der Gestalt, welche die Mitte des Bildes ausmacht: Es ist der Heilige Geist als die »Zusammenfassung« der Trinität (vgl. S.32f)[80]. Wenn man ihn anblickt, kann man sozusagen nicht bei ihm verweilen, sondern gerät in eine Bewegung: Sein geneigtes Haupt und seine ganz auf die linke Gestalt gerichteten Augen weisen auf den Vater hin. Dieser wiederum blickt – weniger geneigt – auf ihn zurück, vor allem aber blickt er auf die rechte Gestalt: den Sohn. Dieser wiederum richtet – im gleichen Rhythmus – sein Haupt und seine Augen auf den Vater.

Bei welcher Gestalt man auch betrachtend ansetzt: immer wird man in eine unabschließbare Kreisbewegung versetzt, die auf die anderen Gestalten verweist[81]. So bringt die Ikone die perichoretische Lebendigkeit des communialen Gottes zum Ausdruck.

*Tafel I:*
Santissima Trinità, Fresco (frühes 13. Jh.),
Vallepietra (Latium/Italien)

*Tafel II:*
»Philoxenia«, Ikone des Rubljevschen Typos,
Sint-Genesius-Rode bei Brüssel.

*Tafel III:*
»Gnadenstuhl«, Elisabeth Brantner (um 1980),
St. Georgen a.d.Leys/Niederösterreich.

*Tafel IV:*
Krönung Mariens durch die Trinität,
Hans Baldung gen. Grien (1512–1518), Freiburg i.Br., Münster.

(2) Buchstäblich *inmitten* des interpersonalen Lebens der Dreifaltigkeit steht die *Hingabe des Sohnes Gottes* für uns: Der Tisch, um den die drei »Gäste« gruppiert sind, ist ein Opferaltar, deutlich erkennbar am Hohlraum für die Reliquien[82]. Der Blick des Vaters wie auch die Haltung seiner rechten Hand erscheinen wie ein eindeutiger Befehl; dessen Inhalt wird im Handgestus deutlich, denn dieser weist auf den Kelch hin, in welchem das geopferte Lamm ruht und über den der Geist-Engel eine epikletisch-konsekrierende Handbewegung ausführt. Der Sohnes-Engel dagegen hat seine Hand ergeben auf dem Opferaltar liegen. Der Gestus drückt zusammen mit der Neigung des Hauptes bedingungslose Zustimmung und Hingabe sowie die Bereitschaft aus, sich um unseretwillen der Gottheit zu entäußern (gem. Phil 2,6ff): Das Zepter des Sohnes ist im Unterschied zu dem der anderen geneigt; er hält es nicht fest in der Hand, es liegt ihm gleich einem (Kreuzes-)Stab auf der Schulter und bildet sogar mit der markanten Linie der Stola ein X (d.h. ein Kreuz oder auch den griechischen Anfangsbuchstaben von Christus).

So bewegt sich das pulsierend-kreisende Leben der Trinität um ein Zentrum, das durch den Kelch der Lebenshingabe markiert ist. Und der Thron der Trinität geht gewissermaßen bruchlos über in den Altar, auf dem in der Eucharistie das Opfer der Erlösung je neu Gegenwart wird.

Das Ganze wird noch dadurch unterstrichen, daß es sich hier offenbar um die Darstellung einer »Gesprächssituation« handelt: Es ist so, wie wenn ein Beschluß gefaßt würde. Näherhin geht es wohl um den »Ratschlag« Gottes zur erlösenden Sendung des Sohnes in die Welt. Der Vater richtet an den Sohn die Frage, die in der Eingangsvision des Jesaja an den Propheten gerichtet wurde: »Wen soll ich senden? Wer wird für uns gehen?«

(Jes 6,8), eine Frage, die schon Athanasius auf die Sendung des Sohnes bezogen hat. Und der Sohn stimmt in der Haltung äußerster Ergebenheit dem sendenden Vater zu. Der Heilige Geist dagegen steht gewissermaßen über dem Gespräch, das sich zwischen Vater und Sohn abspielt; er bekräftigt, was dort geschieht, durch die Konsekration, gleich dem epikletischen Gestus in der Eucharistiefeier.

Wie auch immer *im einzelnen* die Deutung verlaufen mag: sicher ist, daß in dieser Darstellung das innere trinitarische Leben Gottes und sein Engagement in der Geschichte – theologisch formuliert: immanente und ökonomische Trinität – ineinandergreifen. Man kann sich gerade noch »vorstellen«, daß die vom Künstler gegebene »beziehungshafte« Darstellung des communialen göttlichen Lebens auch ohne Altar und Opferkelch identisch bliebe. Doch *faktisch* ist der Mittelpunkt des trinitarischen Lebens das Erlösungsgeschehen, das sein Ziel in der versöhnten und vergöttlichten Menschheit findet. In diesem Sinn bestätigt die Ikone eindringlich: Die immanente Trinität *ist* (faktisch) die ökonomische; es gibt kein anderes trinitarisches Leben mehr als jenes, in welches die Menschheit, ja die ganze Schöpfung mitten hineingenommen ist, was zugleich heißt, daß sie auch nur im Beziehungsgeflecht des dreieinen Gottes ihre Vollendung findet.

Auch die griechische Bezeichnung dieses Ikonentyps »Philoxenia« (= Gastfreundschaft) weist auf diese Bedeutung hin. Gewiß ist damit zunächst einmal die historische Situation der Perikope Gen 18 gemeint: Die drei Gestalten werden von Abraham als Gäste aufgenommen. In tieferer Bedeutung ist es der dreifaltige Gott, der beim Menschen einkehrt. Aber noch tiefer gesehen, ist es Gott selbst, der inmitten seines eigenen Lebens dem Menschen »Gastfreundschaft« schenkt.

Auch diese künstlerische Darstellung, die geradezu eine »perfekte« Entsprechung zu dem aufweist, was in diesem Büchlein entwickelt wurde, hat ihre Grenzen: Bei aller Gleichheit der Personen und ihrer grundsätzlichen Korrelationalität steht der gebietende Vater, der einen größeren Thron besitzt als die anderen und dem sich diese tiefer zuneigen, im Vordergrund. Dies entspricht völlig der ostkirchlichen Trinitätstheologie, für die der Vater der Quellgrund der ganzen Trinität ist und die beiden anderen Personen aus sich hervorgehen läßt (vgl. S.28). Vor allem aber wird die (faktische) Identität von immanenter und ökonomischer Trinität dadurch relativiert, daß die drei Personen seltsam »unbetroffen« sind von der »Dramatik« des Erlösungsgeschehens von Leiden und Kreuz. Mag sich darin auch die selige Transzendenz Gottes spiegeln: der Entäußerung Gottes in die Abgründe unseres Menschseins hinein wird diese Art der Darstellung nur schwerlich voll gerecht.

Das gelingt auf großartige Weise dem folgenden Typus.

*Dritter Typus: Der »Gnadenstuhl«:*
Hat der »Philoxenia«-Typus seinen Ort in den Kirchen des Ostens, so ist der Gnadenstuhl die wichtigste trinitarische Bildschöpfung des Abendlandes.

Gegenüber den beiden vorher erläuterten Typen, wo jeweils die dreifache Selbständigkeit der Personen im Leben der Trinität betont wurde, kommt hier nicht eigentlich ihr dreifach unterschiedenes Personsein zur Darstellung, sondern ihr dreifach unterschiedenes Tun, wenn man so will: ihre dreifache Funktion im Erlösungshandeln. Es handelt sich also um eine sog. heilsökonomische Trinitätsdarstellung.

Die ältesten Darstellungen des Gnadenstuhls – nach vorangehenden Darstellungen einzelner Elemente – finden sich in einem Missale aus Cambrai (um 1120) und zwar bezeichnenderweise zu den Anfangsworten des Römischen Kanons (heute: Erster Messkanon) »Te igitur« und auf einem Tragaltar aus Siegburg (um 1150). Die Bezeichnung »Gnadenstuhl« rührt von Luther her, näherhin von seiner Übersetzung von Hebr 9,5. Durch Franz Xaver Kraus wurde der Begriff in die Kunstgeschichte eingeführt.

Im folgenden wird dieser Typus an einem »Marterl« erläutert, das, von der Künstlerin Elisabeth Brantner, Texing (Niederösterreich) in Ton geschaffen, sich am Ortseingang von St. Georgen a.d. Leys (Niederösterreich) befindet und das für unseren Zusammenhang einige besonders wichtige, tiefgründige Züge trägt.

Zwei Charakteristika fallen sofort ins Auge:
(1) Die übermächtige Gestalt des Vaters beherrscht das Bild. Er ist dargestellt als der mit der Königskrone auf dem Thron sitzende Herrscher »voller Macht«, der alles Geschehen umfängt und trägt. Aus seinem Herzen (oder auch Schoß), also aus seinem Innersten, gehen der gekreuzigte Sohn und die zum Flug bereite, d.h. auf uns zugehende Taube des Geistes hervor. Beide Gestalten sind zugleich gekennzeichnet als »die zwei Hände des Vaters« – wie Irenäus sie nennt (siehe S. 73). Mit der einen Hand »entbindet« der Vater für uns den Geist, mit der anderen begleitet er beschützend, ja buchstäblich be-hütend den Sohn, der sich für uns hingibt.

(2) Es ist der für uns leidende dreifaltige Gott, der hier Darstellung findet: Nicht nur hängt der Sohn, zusammengebrochen und ohnmächtig in Todesqualen, am Kreuz, auch der Vater leidet, mit weit aufgerissenen Augen, mit, so als stünde er selbst fassungslos vor dem, was jetzt um unseres Heiles willen geschieht. Doch gibt die behütende Hand und der mit aufrechten Flügeln und »flugbereit« verbildlichte Geist Hoffnung auf Rettung aus Leiden und Todesmacht.

Diese Darstellung entspricht der Tendenz der neueren Theologie, »Gott im Leiden« zu denken (s. S. 79f), ja das Leiden der Menschheit – eingeschlossen in die weit ausgespannten Arme des Gekreuzigten – als in das Herz Gottes eingeborgen zu verstehen, zugleich aber die rettende Macht des Vaters herauszustellen.

*Vierter Typus: Krönung Mariens durch die Trinität:*
Vordergründig betrachtet scheint dieser Typus zur Marien-, nicht aber zur Trinitäts-Ikonographie zu gehören. Doch läßt sich diese Art der Darstellung auch ganz anders verstehen.

Das Motiv der »Krönung« oder des »Triumphes« Mariens ist herausgewachsen aus dem der Aufnahme Mariens in den Himmel und bleibt mit diesem Motiv auf manchen Darstellungen oft noch in engster Beziehung. Um 1250 entsteht die Darstellungsart: »Christus, Maria krönend«, wobei letztere meist mit jenem auf gleichem Thron sitzt. Erst im 15. Jh. wird – wie H. W. van Os formuliert[83] – »diese Szene erweitert: Die drei göttlichen Personen nehmen an der Krönung teil«, mehr noch: sie wird auch durch die künstlerische Komposition tiefgreifend umgestaltet zu einer Darstellung, in der sowohl die Trinität wie auch Maria (und darüber hinaus: die Schöpfung) ihre Verbildlichung finden.

Dieser Typus, der im südwestdeutschen Raum verbreitet ist, sei im folgenden am Beispiel des Hauptbildes am Hochaltar des Freiburger Münsters vorgestellt. Von 1512 – 1516 malte der aus Straßburg gerufene Hans Baldung gen. Grien an diesem seinem Hauptwerk, einem der großartigsten Monumente der deutschen Malerei zur Dürerzeit.

Auch an diesem Typus seien zwei wesentliche Elemente herausgestellt:

(1) Zur Interpretation dieser Bildart ist von höchster Bedeutung, daß hierin das uralte Dreifaltigkeitssymbol des Dreiecks wiederkehrt: Die Häupter von Vater und Sohn sowie der

Heilige Geist bilden auf den Darstellungen dieses Typus ein deutliches, offenbar vom Künstler so intendiertes Dreieck, welches den optischen Mittelpunkt des gesamtes Bildes ausmacht. Es handelt sich also wirklich um eine Trinitätsdarstellung. Doch erscheint hier als viertes Element Maria, deren Haupt mit dem von Vater und Sohn gleichfalls ein Dreieck bildet – jedenfalls ist es auf den meisten Darstellungen dieser Art so. Auf der hier erörterten von Hans Baldung Grien wird allerdings auch, ja sogar vorrangig, das Dreieck durch die Häupter von Vater und Sohn und die spitz nach unten gerichteten, sich nur mit den Fingern berührenden Hände Mariens gebildet. In jedem Fall aber entsteht aus den beiden Dreiecken: Vater – Sohn – Geist *und* Vater – Sohn – Maria ein Viereck, genauer: eine Raute.

»Quaternität« anstelle der »Trinität«?
*»Krönung Mariens durch die Trinität«. Spätgotische Steinplastik in der Kathedrale von Paray-Le-Monial*

Bedeutet dies, daß damit C.G. Jung ins Recht gesetzt ist, wenn er im Blick auf solche Darstellungen »die Aufhebung der Trinitätsformel und ihre Ersetzung durch eine Quaternität« konstatiert? »Die Ikonologie des Mittelalters hat sich … durch die Darstellungen der Krönung Mariens ein quaternäres Symbol zurechtgemacht und es sozusagen sachte an die Stelle der Trinität geschoben«[84]. Dabei ist die Quaternität für Jung ein »Archetypus, der sozusagen universal vorkommt[85] und die göttliche Trinität »ergänzt« durch den erdhaften Faktor der Materie, die dadurch »in den metaphysischen Bereich gerückt« wird und die zugleich, ja sogar primär das »korrumpierende Prinzip der Welt, das Böse« darstellt[86]. »Das Quaternitätsschema anerkennt dieses Vorhandensein als eine unleugbare Gegebenheit, indem es dem trinitarischen Denken die *Fessel der Wirklichkeit dieser Welt* anlegt«[87].

Da es hier nicht nur um eine Auseinandersetzung mit Jung gehen kann, sei nur soviel dazu vermerkt: Während die von Jung vorgenommene Identifizierung des Stofflich-Irdischen mit dem Bösen kaum vom christlichen Glauben mitvollzogen werden kann, dürfte er vermutlich darin Recht haben, das Quaternitätssymbol dem »Erdhaften« zuzuordnen, so daß in der Tat durch die assumptio Mariae (Aufnahme Mariens in den Himmel) – wie dies auch die künstlerischen Darstellungen zeigen – das Leben der Trinität in einem sehr analog zu nehmenden Sinn »ergänzt« wird. Doch bedeutet dies keine Verabschiedung oder Relativierung des Trinitarischen:

> Wenn man genauer hinschaut läßt sich das durch Vater, Sohn und Maria gebildete Dreieck nicht als Teil eines Vierecks, sondern als die Projizierung des oberen, trinitarischen Dreiecks in einen imaginären Raum hinein verstehen[88], wodurch die Spitze des oberen Dreiecks (der Geist) sich in Maria spiegelt. Das heißt: Genau der »Stelle« in der Trinität, die wir als das Über-Hinaus Gottes (auch in die Schöpfung hinein) bezeichnet haben (siehe S. 37), nämlich dem Heiligen Geist, entspricht spiegelbildlich die verherrlichte Gottesmutter. Nicht also entsteht im strengen Sinn ein Viertes, sondern Maria ist als gespiegelte Verwirklichung des trinitarischen Lebens in eben dieses hineingenommen.

(2) Die hier dargestellte Maria ist nicht einfach nur eine »Privatperson«. Von alters her wird sie verstanden als Personifikation, besser: als Realsymbol der Kirche und darüber hinaus der ganzen Schöpfung. Im Blick auf die Darstellung der assumptio Mariae und ihrer coronatio (»himmlischen Krönung«) sieht der Glaubende die Zukunft der ganzen Schöpfung: ihr Eingehen in das Leben des dreifaltigen Gottes. Diese Vollendung der Schöpfung ist zugleich die (frei gewählte) »Vollendung« des trinitarischen Lebens.

Die vier präsentierten und erläuterten Dreifaltigkeitsdarstellungen entsprechen auf *ihre* Weise perfekt den Grundzügen und Grundthesen dieses Büchleins:

- Gott ist eine Communio von drei Personen.
- Als solcher offenbart er sich, teilt er sich mit.
- Die Schöpfung steht mitten im Leben des trinitarischen Gottes und Gott steht in ihr, so daß es faktisch kein inneres trinitarisches Leben (keine »immanente Trinität«) gibt, welches sich nicht zusammen mit der Schöpfung (als »ökonomische Trinität«) vollzieht.
- Weil die Schöpfung im Lebensvollzug des dreifaltigen Gottes steht und ihm ganz und gar entspricht, verweist alles, was in ihr ist, herkünftig oder zukünftig auf den trinitarischen Gott; er allein kann ihre Fragmentarität, ihre Aporien und Gebrochenheiten zur Vollendung führen.
- Um die Schöpfung zur Vollendung zu führen, geht der dreifaltige Gott selbst erlösend in ihr Leiden und ihre Todesverfallenheit ein.
- Die Welt und – auf Grund freiester Wahl – der drei-eine Gott selbst finden ihre Vollendung im seligen Zusammenspiel ewigen Lebens.

## *»Das Senfkorn« – Weisung ins Schweigen*

Am Ende unseres langen Weges, der mit so vielen Worten »gepflastert« war, soll nun ein mystisches Gedicht aus dem Umkreis von Meister Eckhart (ca. 14. Jh.) stehen[89]. Der Titel »Senfkorn« stammt von einem lateinischen Kommentator, der das Lied als »Senfkorn von der allerschönsten Gottheit« bezeichnet und damit auf Mt 13,31f anspielt, das Gleichnis vom anfänglich »kleinen Senfkorn« und dem später gewaltigen Baum, auf dem die Vögel des Himmels Platz nehmen. So ist – bemerkt der Kommentator – das Gedicht »an Zahl der Worte zwar klein, aber mit der Wunderkraft überhimmlischer Dinge beladen«.

Die Strophen weisen den Leser oder Hörer aus der »Fülle« begreifen wollender Worte und Bilder heraus in die »Wüste«, d.h. in die Unbegreiflichkeit des drei-einen Gottes, in dessen unermeßliches und schweigendes Wüstenmeer einzusinken der Glaubende gerufen ist.

Im Anfang
hoch überm Sinn
ist stets das Wort.
O reicher Hort,
da je Anfang Anfang gebar!
O Vaterbrust,
aus der mit Lust
das Wort stets floß.
Doch hat der Schoß
das Wort behalten; das ist wahr.

Von zweien ein Fluten,
der Liebe Glut,
der beiden Band,
den zweien bekannt,
fließt hervor der süße Geist
ganz gleich
untrennbar.
Die drei sind eins.
Verstehst du was? Nein.
Es versteht sich selber am besten.

Der Dreiheit Band
hat tiefen Glanz;
denselben Ring
begreift der Sinn nie.
Hier ist eine Tiefe ohne Grund,
ausgeschaltet sind
Zeit, Gestalt, Raum.
Der wunderbare Ring
ist eine Quelle,
ganz unbewegt steht ihr Punkt.

Des Punktes Berg
besteig ohn' Werk,
Verstand!
Der Weg führt dich
in eine wundersame Wüste,
die breit und weit,
unermeßlich liegt.
Die Wüste hat
weder Zeit noch Ort,
ihre Weise ist einzigartig.

Das wüste Land
durchschritt kein Fuß,
geschaffenes Sein
kam nie dorthin:
es ist und doch weiß niemand was.
Es ist hier, es ist da,
es ist ferne und nah,
es ist tief und hoch,
es ist so,
daß es weder dies noch das ist.

Es ist licht, es ist klar,
es ist finster gar,
es ist unbenannt,
es ist unbekannt,
des Anfangs und auch
des Endes frei,
es ist stille,
bloß, ohne Hülle.
Wer kennt sein Haus?
Der geh' heraus
und sage uns,
welches seine Form sei.

Werd' wie ein Kind,
werd' taub, werd' blind!
Dein eig'nes Ich
muß zu nichts werden,
jedes Ich und jedes Nichts
treibe weit weg!
Laß Ort, laß Zeit,
auch Bilder meide!
Geh' ohne Weg
den schmalen Steg,
so kommst du zu der Wüste Spur.

O Seele mein,
geh' aus, Gott ein!
Sink' all mein Ich
in Gottes Nichts,
sink' in die grundlose Flut!
Flieh' ich von dir,
du kommst zu mir.
Verliere ich mich,
so finde ich dich:
o überwesenhaftes Gut.

# Anmerkungen

1 I. Kant, Der Streit der Fakultäten = WW (Weischedel) IX, Darmstadt 1971, 303. – Zitate, die in diesem Büchlein nicht eigens ausgewiesen sind, lassen sich leicht durch Nachschlagen im Register meiner »großen« trinitarischen Theologie »Der dreieine Gott«, Freiburg i. Br. ³1998 verifizieren.

2 G. Baudler, Ideen zu einer symboltheoretischen Interpretation der Trinitätsüberlieferung, in: rhs 24 (1981) 44.

3 K. Rahner, Der Dreifaltige Gott als transzendenter Urgrund der Heilsgeschichte, in: MySal II, 319f.

4 K. Hemmerle, Glauben – wie geht das?, Freiburg i.Br. 1978, 147.

5 Nikolaus v. Kues, Excitationes 3, Basel 1565, 411f, zit. nach H. de Lubac, Glauben aus der Liebe, dt. Einsiedeln 1970, 405.

6 H.U. v. Balthasar, Theologik, Bd. II, Einsiedeln 1985, 117.

7 J. Ratzinger, Einführung in das Christentum, München ²1968, 126.

8 J. Werbick, Trinitätslehre, in: Th. Schneider (Hrg.), Handbuch der Dogmatik, Bd. II, Düsseldorf 1992.

9 Gregor v.Nazianz, or.theol.V (=PG 36, 135).

10 W. Kasper, Der Gott Jesu Christi, Mainz 1982, 287.

11 K.Hemmerle, Gemeinschaft als Bild Gottes = WW 5, Freiburg i. Br. 1996, 91.

12 Gregor v. Nazianz, Carmina Theol. I, 1,3 (= PG 37, 413).

13 K.Hemmerle, aaO. 91.

14 Thomas v. Aquin, In III sent, 27,1,1 ad 4.

15 Seit Thomas v. Aquin wird darum Person in Gott als »relatio subsistens« verstanden, d.h. als reines Bezogensein aufeinander.

16 H.U. v. Balthasar, Einleitung zu Richard v. St.-Victor, Die Dreieinigkeit, Einsiedeln 1980, 20.

17 Richard v. St.-Victor, De Trin. III, 11, 14, 15. Die Übersetzung orientiert sich mit einigen Abänderungen an v. Balthasar, aaO. 95, 100f.

18 K. Marti, Die gesellige Gottheit, Stuttgart 1989, 94f.

19 Minucius Felix, Oct. 10, 3 (= CSEL 2, 14).

20 E. Brunner, Der Mensch im Widerspruch, Zürich – Stuttgart ⁴1965, 38f.

21 H.U. v. Balthasar, Theodramatik, Bd. II/1, Einsiedeln 1976, 368.

22 H. Dörrie: Gnade, in: RAC 11, 329

23 J. Twardowski, Ich bitte um Prosa, Einsiedeln 1973, 69.

24 E. Käsemann, Exegetische Versuche und Besinnungen I, Göttingen 1960, 115.

25 Vgl. dazu neuestens die Zusammenfassung bei A. Angenendt, Die Geschichte der Religiosität im Mittelalter, Darmstadt 1997, 585-613.

26 F. Wagner, Selbstbestimmung und Person, in: Conc. 13 (1977) 137.
27 H. Rombach, Strukturanthropologie, Freiburg-München $^{2}$1993, 23f.
28 L. Boff, Der dreieinige Gott, dt. Düsseldorf 1987, 24.
29 P.W. Riener, Die Heiligste Dreifaltigkeit als Urbild sozialer Gesinnung und Tat, in: Seels. 29 (1958/59) 386.
30 A. Brunner, Dreifaltigkeit, Einsiedeln 1976, 138.
31 J. Moltmann, Gedanken zur »trinitarischen Geschichte Gottes«, in: EvTh 35 (1975) 209.
32 P. Lapide, in: ders. / J. Moltmann, Jüdischer Monotheismus – Christliche Trinitätslehre, München 1979, 54.
33 St. Dietzsch, Krisis der Vernunft. Gespräch mit Kurt Flasch, in: Sinn und Form 48 (1996) 273.
34 Origenes, Hom. in Lev 7, 2 (= SC 286, 308f).
35 J. Moltmann, Die Quelle des Lebens, Gütersloh 1997, 114.
36 Mit diesen Versen ist, wie die Exegese zeigt, *nicht* das Kommen des Sohnes als »Mensch« gemeint – davon ist erst ab V. 14 die Rede -, sondern das »Kommen« des Logos, also des ewigen Gottessohnes als ständiges und je neues »Licht und Leben« der Schöpfung.
37 Vgl. z.B. Ps 104,30: »Sendest du deinen Geist aus, so werden sie (die Geschöpfe) alle erschaffen«.
38 S. Kierkegaard, Philosophische Brocken = Ges. WW (Hirsch / Gerdes) 10, Gütersloh $^{2}$1985, 24-31. Übersetzung und Zeichensetzung wurden z.T. heutigem Usus angepaßt.
39 A. Ganoczy, Communio – ein Grundzug des göttlichen Heilswillens, in: Unsere Seelsorge 22 (1972) 2.
40 J. Jeremias, Neutestamentliche Theologie, Gütersloh $^{2}$1973, 167.
41 Deshalb ist bei den Geschichten von der Heilung Aussätziger die Pointe nicht das Geheiltsein, sondern die Weisung: Zeig dich dem Priester! Vgl. Lk 5,14 par. Denn erst aufgrund von dessen Feststellung konnte ein Aussätziger in sein Dorf und seine Familie zurückkehren.
42 G. Theißen, Urchristliche Wundergeschichte, Gütersloh 1974, 247.
43 Wir sehen im Folgenden davon ab, daß das Kreuz *vom Menschen her* gesehen auch Zeichen des schuldhaften Nein gegenüber dem Angebot Gottes ist, Konsequenz des Rufes »Hinweg, kreuzige ihn!«
44 Ilias II, 24, 525f.
45 So: F. Varillon, Souffrance de Dieu, vie du monde, Tournai 1971, 71.
46 Gottfried v. Straßburg, Tristan und Isolde, zit. nach Th. R. Krenski, Passio Caritatis, Einsiedeln 1990, 187.
47 K.-H. Menke, Die Einzigartigkeit Jesu Christi im Horizont der Sinnfrage, Einsiedeln – Freiburg 1995, 134.
48 Anselm v. Canterbury, Cur Deus Homo II, 8, hrg. v. F.S. Schmitt, Darmstadt 1970, 100.

49 N. Hoffmann, Kreuz und Trinität, Einsiedeln 1982, 102; ders., Sühne, in: Entwicklung und Aktualität der Herz-Jesu-Verehrung, hrg.v. Internat. Inst. v. Herzen Jesu, Aschaffenburg 1984, 188.

50 Daß diese Deutung des Verhältnisses von Kreuzestod und Auferstehung nicht gegen die biblischen Berichte von den Erscheinungen des Auferstandenen ab dem »dritten Tag« steht, wird ausführlicher in meinem Beitrag »Auferstehung im Tod«, in: TheolPhil 73 (1998) dargestellt. Hier finden sich auch Hinweise auf zahlreiche Theologen der Gegenwart, die eine ähnliche Konzeption vertreten.

51 Tertullian, De bapt. VI, 1 (= CC 1, 282).

52 H. J. Pottmeyer, Die zwiespältige Ekklesiologie des Zweiten Vaticanums – Ursache nachkonziliarer Konflikte, in: TThZ 92 (1983) 283.

53 K. Rahner, Schriften V, 142.

54 Eine solche weltweite trinitarische Struktur des Religiösen gibt es tatsächlich. F. Heiler, Erscheinungsformen und Wesen der Religionen, Stuttgart 1961, 164f hält den Trinitätsglauben sogar für »dem Menschen angeboren«. Auch wenn eine solche Aussage wohl zu weit geht, ist es doch bemerkenswert, daß es in allen größeren Religionen Ansätze für eine trinitarische Sicht des Absoluten gibt. Siehe dazu auch C.G. Jung, Symbolik des Geistes, Zürich 1948, 327-350. Weitere Lit. dazu bei G. Greshake, Der dreieine Gott. Eine trinitarische Theologie, Freiburg i. Br. [3]1998, 505.

55 So R. Panikkar, Trinität, München 1993, 44, ein Werk, das für das Folgende entscheidende Anstöße gab.

56 Siehe dazu H. Waldenfels, Absolutes Nichts. Zur Grundlegung des Dialogs zwischen Buddhismus und Christentum, Freiburg i. Br. 1976.

57 Panikkar, aaO. 76f.

58 M. Heinrichs, Christliche Offenbarung und religiöse Erfahrung im Dialog, Paderborn u.a. 1984, 81 weist auf das frappierende Faktum hin, daß sich in diesem Punkt die Aussagen von Mystikern in den verschiedenen Religionen gleichen.

59 Vgl. dazu z.B. J. Pieper, Philosophia Negativa, München 1953. Weitere Angaben und Lit. bei J. Hochstaffl, Apophatische Theologie, in: LThK [3]I, 848.

60 Panikkar, aaO. 81.

61 Panikkar, aaO. 46.

62 Heinrichs, aaO. 52.

63 Panikkar, aaO. 92f.

64 aaO. 98.

65 Heinrichs, aaO. 71.

66 ebd. 89.

67 E. Cousins, A Theology of interpersonal Relations, in: Thought 45 (1970) 498.

68 Interessenten seien auf die entsprechenden Abschnitte bei G. Greshake, Der dreieine Gott. Eine trinitarische Theologie, Freiburg i. Br. [3]1998, 523-537 verwiesen.

69 zit. nach J. Moltmann, Trinität und Reich Gottes, München 1980, 179. Vgl. dieses Werk auch für die folgenden Ausführungen im Text.

70 Reinbek 1979.

71 Richter, ebd. 21, 23.

72 aaO. 35. – J. Splett, Freiheits-Erfahrung, Frankfurt 1986, 240 weist zu Recht darauf hin, daß Richter damit nur einen Gedanken »popularisiert«, den bereits F. Nietzsche tiefgründig ausgesprochen hat. Allerdings vermag Richter über Nietzsche hinaus seine Aussagen auch empirisch zu belegen. Das ist auch der Grund, warum wir uns hier auf die Auseinandersetzung mit der psychoanalytischen Religionskritik beschränken.

73 S. Freud, Totem und Tabu, TB, Frankfurt 1991, 430f.

74 Richter, aaO. 35f.

75 ebd. 217f.

76 Auch der Ruf nach einer solchen »Göttergemeinschaft« wird derzeit wieder wach im beschwörenden Ruf O. Marquards nach einem entzauberten Polytheismus, um sowohl gegen die Alleinautorität eines allmächtigen Gottes wie gegen das (diesem entsprechende) allmächtige Sinndiktat des neuzeitlichen Subjekts (und seiner Parteien und Gruppen) mit einer Vielzahl von »kontingenzbewältigenden Göttergeschichten« und deren freiem Spiel aufs neue Freiheit und Toleranz zu begründen. Siehe O. Marquard, Lob des Polytheismus. Über Monomythie und Polymythie (1979), in: ders., Abschied vom Prinzipiellen, Stuttgart 1982, 91-116 u.ö. Ähnlich wie Marquard auch A. de Benoist, Heide sein, Tübingen 1982.

77 Hier dürfte ein wesentlicher Unterschied zum begrifflichen theologischen Denken liegen: Der theologische Begriff muß sozusagen erst in einem zweiten Schritt aufgebrochen werden von dem – allem begrifflichen Erfassen *sonst* eigenen – Anspruch, die *erfaßte* Wirklichkeit mit deren »*In-Sich*« zu identifizieren. Dagegen hat die Kunst mit dem Glauben gemeinsam, daß sie von vornherein von sich weg auf eine von ihr nicht faßbar zu machende Wirklichkeit verweist.

78 Vor allem ab dem 11. Jh. wurde es als Dreifaltigkeitssymbol gebräuchlich und erhielt in manchen Gegenden sogar eine gewisse »Volkstümlichkeit«. Vgl. das im Alpenraum vorkommende Stoßgebet: »Oben spitz und unten breit, bitt' für uns, Dreifaltigkeit!«

79 Die lateinische Formulierung unterstreicht durch die »anormale« Satzstellung des DOMINUM noch einmal mehr die enge Verbindung zwischen Herr (= Gott) und den drei Personen.

80 Dies ist *ganz und gar umstritten*! Viele Interpreten vertreten in der Zuordnung der göttlichen Personen eine andere Auffassung als die vorn im Haupttext gegebene. *Entweder* setzt man sich für folgende Zuordnung ein (von links nach rechts [aus der Sicht des Betrachters]): Hl. Geist – Gott Vater – Jesus Christus; *oder* man vertritt die heute mehrheitlich gegebene Interpretation:

Gott Vater – Jesus Christus – Hl. Geist. Die Argumente dafür sind gut zusammengefaßt bei R. M. Mainka, Andrej Rubljevs Dreifaltigkeitsikone, Ettal [2]1986.
Die Gründe für unsere eigene Deutung, mit der wir an L. Küppers, Ikone. Kultbild der Ostkirche, Essen 1964 anknüpfen, sind im Text vor allem unter (2) angeführt. Vgl. aber auch die Wiedergabe der Plastik von Paray-Le-Monial (S.134), wo der Hl. Geist gleichfalls oben im Zentrum steht. Siehe ferner Anm. 88
So sehr diese unterschiedlichen Interpretationen von Bedeutung sind, so betreffen sie doch nicht das Wesen der für uns wichtigen beiden Grundaussagen vorn im Haupttext.

81 Entsprechend der ostkirchlichen Ablehnung des sog. Filioque, d.h. des Glaubens, daß der Hl. Geist aus dem Vater *und* dem Sohn hervorgeht, blickt die dem Heiligen Geist entsprechende Gestalt nicht auf Vater *und* Sohn, sondern zusammen mit dem Sohn – beide in gleicher Weise tiefgebeugt – auf den Vater.

82 Jedoch kann das Viereck der Altaröffnung auch als »Geviert« und damit als Symbol des Kosmos verstanden werden, der auf diese Weise mitten in das Leben der Dreifaltigkeit hineingezeichnet ist.

83 H. W. van Os, Krönung Mariens, in: LCI II, 671-676 (Lit.).

84 C.G. Jung, Symbolik des Geistes = Psychologische Abhandlungen VI, Zürich 1948, 403f.

85 ebd. 399.

86 ebd.

87 ebd. 414.

88 Daß diese Deutung zutrifft, läßt sich an anderen Darstellungen dieses Typus ablesen. So bildet z.B. auf dem Hochaltar des Meisters H. L. (Hans Loi) des Breisacher Münsters das untere »marianische« Dreieck mit dem oberen, »trinitarischen« Dreieck kein Viereck, sondern nebenstehende Figur, die sehr deutlich an eine »Projektion« erinnert. Im übrigen ist auf all diesen Darstellungen der Heilige Geist die zentrale Figur, wie es auch unserer Deutung des Rubljevschen Ikonentypus' entspricht.

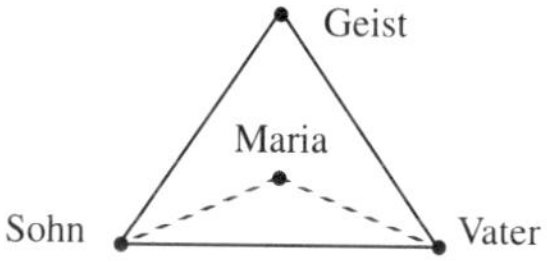


89 Die hochdeutsche Fassung des ursprünglich mittelhochdeutschen gereimten Gedichts findet sich bei A. M. Haas, Granum sinapis, in: ders., Sermo mysticus, Freiburg (Schweiz) 1979, 304. Siehe auch J. Weismayer, Granum sinapis, in: G. Greshake / ders., Quellen geistlichen Lebens, Bd. II, Mainz 1985, 184-187.

# Namenverzeichnis